HISTOIRE

DES

BOUFFES-PARISIENS

PARIS

LIBRAIRIE NOUVELLE

BOULEVARD DES ITALIENS, 15

BOURDILLIAT ET Cⁱᵉ, ÉDITEURS

1860

HISTOIRE

DES

BOUFFES-PARISIENS

Paris. — Imprimerie A. Bourdilliat, 15, rue Breda.

ALBERT DE LASALLE

HISTOIRE

DES

BOUFFES-PARISIENS

Petit poisson deviendra grand,
Pourvu que Dieu lui prête vie.

LA FONTAINE.

PARIS

LIBRAIRIE NOUVELLE

BOULEVARD DES ITALIENS, 15

A. BOURDILLIAT ET Cᵉ ÉDITEURS

1860

HISTOIRE

DES

BOUFFES-PARISIENS

~~~~~~~

I

DE L'OPÉRETTE

L'opérette a sa place marquée dans l'art moderne.

C'est l'opéra-comique réduit avec intention à des formes modestes et non chétives pour cause d'impuissance, petites et non mesquines en signe de décadence.

Cette fille folle, née de la fantaisie et du burlesque, inaugure, ou plutôt remet en honneur, un genre qui jadis eut ses beaux jours sous des poëtes à la muse court vêtue et des musiciens à l'humeur enjouée.

Tabarin et ses frères en gaudriole avaient déjà musiqué les propos risibles et les épigrammes violentes qu'ils débitaient sur le Pont Neuf. Leurs parades se passaient le plus souvent en chansons. On y disait sur l'air à la mode des drôleries dont une mimique désordonnée soulignait les audaces grivoises.

C'était le temps où la farce étalait en plein vent ses trésors de gaieté sans que rien ne fût venu encore attrister sa verve gauloise.

Plus tard — un jour de pluie, apparemment — pitres, batteleurs et pasquins allèrent se nicher avec tambours et trompettes sous des baraques en belles et bonnes planches de sapin; ce qui, pour l'époque, était faire grandement les choses.

De ce jour, la comédie lyrique avait pris naissance; ainsi le veulent les historiens.

Mais pour bien parler, ce n'était encore là que l'opérette, c'est-à-dire les premiers vagissements de l'opéra-comique.

L'enfant gâté s'est fait grand depuis, et tout dernièrement nous l'avons vu arriver à un embonpoint excessif. Cet état d'obésité s'est particulièrement signalé dans *l'Étoile du Nord* et dans *Quentin Durward*, œuvres de valeur sans aucun doute, mais qui touchent déjà au genre du grand opéra par leurs dimensions épiques.

Il est arrivé alors qu'il a fallu retourner aux formes naïves du vieil opéra-comique.

C'est M. Offenbach qui s'est avisé de cette restauration, basée sur ce qu'il est un public dont le répertoire des grands théâtres lyriques excède les forces auditives, et que ce public viendrait, à coup sûr, chercher sa provision de belle humeur là où l'on en vendrait la recette.

L'entreprise était hardie. Il y avait danger à faire une sorte de concurrence à l'Opéra-Comique en se plaçant tout d'abord dans des conditions matérielles inférieures. Mais le succès est venu récompenser cette audace.

Il faut donc le dire encore, l'opérette, que n'ont point dédaignée Mozart et les compositeurs illustres du siècle passé, est un genre à part et parfaitement caractérisé, en cela qu'il répond à un besoin. Il n'est donc pas étonnant qu'on ait dû bâtir un boudoir doré où l'opérette pût s'ébattre tout à l'aise, dire des calembredaines, se livrer à toutes sortes de folies et être, sans crainte du sifflet, extravagante, burlesque, impossible.

II

COUPS D'ÉPÉE DANS L'EAU

C'était en 1846.

Un jeune homme blond, pâle, nerveux et tenant à la main un rouleau de musique, entrait dans la loge du concierge de l'Opéra-Comique.

— Monsieur le directeur, s'il vous plaît?...

— Je crois bien qu'il n'est pas à son cabinet, répondit le cerbère; mais, si c'est quelque chose qu'on puisse lui dire...

— Vous n'allez pas, j'imagine, vous mettre à lui chanter mon opéra.

— Ah! c'est pour une audition... M. le directeur n'y est pas.

— Bien, je repasserai... Mais, dites-moi, à quelle heure puis-je le trouver?

— Ah! dame! pour le trouver, ce serait le matin... ou bien le soir; à moins que monsieur ne préfère revenir dans le milieu de la journée; il y aurait encore des chances.....

— Cela suffit.

Le jeune homme blond sortit. Le lendemain, il revint et tint à peu près le langage ci-dessus. Mêmes réponses, même sortie, même retour le surlendemain, et ainsi de suite pendant des semaines et des années.

Le solliciteur, qui n'était autre que M. Offenbach, commençait à porter sur les nerfs du concierge qui, du plus loin qu'il l'apercevait, poussait machinalement un : « Il n'y est pas!... » sur le ton de l'agacement le plus prononcé.

Un compositeur qui s'est promis d'être joué fait généralement peu de cas des nerfs d'un concierge — on en a bien vu qui n'avaient point de pitié pour ceux du public — M. Offenbach revint donc

toujours, mais toujours, toujours. Et voilà la gymnastique qu'il fit pendant huit ans (!), ce qui l'a
condamné à une maigreur invraisemblable pour le
reste de ses jours.

Huit ans !... mais il n'en faut guère plus pour
faire deux fois le tour du monde... sans se presser !

Ah ! si nous ne nous étions juré de ne pas attrister ces pages, comme l'occasion serait bonne
pour dire les misères que souffrent en ce moment
plus de trois cents compositeurs qui se disputent le
gâteau du succès ; gâteau illusoire et dont les parts
sont distribuées à l'avance à quelques gourmands
qui, encore, se battraient volontiers pour avoir la
fève. Je ne comparerai point cette tribu des sur-
numéraires musicaux à des jouteurs qui montent
au mât de cocagne les jours de foire ; car, au
moins, c'est le plus habile à cet exercice qui dé-
croche la timbale d'argent, tandis que... Mais c'est
assez insister sur ce sujet de larmes. Nos lectrices
ont d'ailleurs le cœur trop sensible, et il y aurait
conscience à en abuser.

Je crois bien que la huitième de ces années d'at-
tente fiévreuse n'était pas encore finie lorsqu'un

jour le jeune homme au rouleau de musique crut remarquer que la porte du cabinet directorial était mal fermée. Cet entre-bâillement lui suffit, et il se faufila à la manière des courants d'air.

Sauvé..... va-t-on dire — Sauvé! mon Dieu! merci! merci!!! s'écrierait M. Dennery — Ah! bien oui!... Les choses de théâtre, si jamais on leur applique la vapeur, s'accompliront tout au plus avec une telle célérité, et, en attendant cet âge d'or, le système du coucou tient bon.

M. Offenbach fut reçu avec une affabilité et une courtoisie des plus recherchées; mais... ce fut tout!

« On était reconnaissant, du reste, qu'il eût choisi l'opéra-comique pour lui faire le cadeau si précieux de ses mélodies; mais les cartons étaient pleins, on avait en réserve, sans compter les ouvrages en répétition, de quoi fournir aux besoins du théâtre pendant cinq ou six ans. Et puis un compositeur inconnu quel que fût d'ailleurs son talent, aurait-il devant le public l'autorité de MM. tel et tel dont les succès passés garantissaient en quelque sorte la réussite de leurs œuvres à venir? etc. »

Bref le solliciteur fut éconduit.

III .

GRAND TAPAGE A LA SALLE HERZ

Évidemment on doutait des doubles croches de M. Offenbach, ses noires et ses blanches étaient suspectes, ses rondes de nulle valeur.

Mais sa résolution était bien prise ; il fallait avant toute chose montrer son savoir faire et ex-hiber au grand jour des becs de gaz des échantillons musicaux qui donneraient bonne idée de son talent.

Des artistes en renom, un orchestre et des chœurs

furent donc réunis un soir dans la salle Herz à l'effet de donner un festival retentissant.

Roger, Herman-Léon, Mmes Ugalde et Sabatier exécutèrent des fragments d'œuvres dramatiques de la composition de M. Offenbach. La soirée fut terminée par *le Trésor à Mathurin*, opérette chantée par Sainte-Foy, Mmes Meillet, Lemercier et Théric (de la Comédie-française). Cette bluette est entrée plus tard dans le répertoire des Bouffes-Parisiens et a pris le titre de : *le Mariage aux Lanternes.*

Il n'en fallait pas davantage pour constater la venue d'un compositeur, et M. Perrin, alors directeur de l'Opéra-Comique s'en émut vivement. L'audition d'un ouvrage qui portait le titre provisoire de *Blanche* et dont M. de Saint-Georges avait écrit les paroles, fut enfin accordée à l'aspirant auteur.

Tout allait bien, et la huitième année de cette lutte opiniâtre tirait à sa fin.

IV

UN SONGE IMITÉ DE L'ANTIQUE

En descendant l'escalier du théâtre, M. Offenbach procédait par petits bonds et sautillements légers pour marquer la mesure d'un *tra la la*, victorieux qu'il se frédonnait à lui-même. C'est la mimique des gens que le bonheur rend légers comme la plume.

En chemin il rencontra M. Auber.

Tout naturellement la conversation roula sur le théâtre, sur les directeurs, sur la musique. On parla surtout de l'audition qui venait d'avoir lieu. M. Offenbach laissa déborder toute sa joie. Si *Blanche* avait du succès, il était en mesure de fournir une autre partition, et après celle-là une autre encore ; ses provisions étaient faites, et il tenait en réserve de quoi alimenter plusieurs théâtres à la fois. A quoi M. Auber se contenta de répondre que lui avait attendu *sept ans* entre la représentation de son premier opéra et celle de son second.

Cette simple parole eut l'effet d'une douche glaciale.

L'auteur de *Blanche* rentra chez lui tout rêveur. La nuit il eut des cauchemars intolérables ; il se voyait monté sur un cheval qui avait nom *Courage* et croyait exécuter une course à l'Opéra-Comique en manière de course au clocher. La campagne qu'il parcourait était montueuse et fertile en précipices ; souvent il perdait l'étrier. M. Auber était bien là pour lui crier : « Casse-cou !... » ; mais aussi il rencontrait dans sa course enragée la critique armée de son fouet traditionnel et frappant la pauvre monture, avec la maligne intention de la faire ruer.

Courage s'abattait souvent, mais se relevait toujours ; souvent aussi il perdait sa route, l'instinct l'y ramenait bientôt. Il advint pourtant qu'après huit ans de course, cheval et cavalier touchèrent le but. Ils pénétrèrent même si violemment sous le portique illuminé de l'édifice qu'ils furent tout droit donner de la tête dans une sorte de caverne obscure qu'on appelait *le Four*. Là, grouillaient dans un désorde, qui était bien réellement un effet de l'art, des phalanges d'auteurs dramatiques, déjà tombés dans l'abîme et qui se mirent à mordre le nouveau venu avec des rires féroces.

A bout de ses forces, *Courage* s'était laissé choir pour ne plus se relever.

M. Offenbach qui jouait le rôle du cavalier dans son propre cauchemar crut encore entendre en se réveillant la voix de M. Auber qui lui criait : « Mon ami, ceci s'appelle *faire four*, comme en termes de marine, on dit : *faire côte*. Je vous avais bien dit que vous pourriez tomber dans cette vilaine oubliette ; mais vous alliez ! vous alliez !... Qui sait, maintenant si vous n'êtes pas là pour sept ans ? »

Tout cela n'était qu'un rêve ; mais quel rêve !...

une suite d'images navrantes et confuses, derniers échos des émotions de la veille.

Notre dormeur, après un *ouf!* prolongé, se recueillit pour deviner le mot de cette énigme dont il était à la fois le Sphinx et l'Œdipe. Après quelques quarts d'heure de méditation, il se frappa le front à la manière de tous les trouveurs d'idées, depuis Archimède.

— Eh parbleu! se dit-il, je fais là un sot métier. Je vois clairement maintenant que je me suis fourvoyé. J'ai couru pendant huit ans pour arriver à une demi-solution, à un résultat presque illusoire, quand le plus court chemin eût peut-être été de chercher à obtenir le privilége d'un théâtre... Oh! si jamais je suis directeur, je fais ici le serment de recevoir toutes mes pièces; elles seront jouées long-temps, dans de jolis décors, avec de riches costumes et des actrices à succès!

Il dit et se mit en campagne.

C'est ainsi que, dans la tragédie classique, le songe, d'ordinaire récité au premier acte, avait son influence sur tout le reste de l'action.

V

LE PRIVILÉGE DES BOUFFES-PARISIENS ET SES SIX ÉPOQUES

Nous ne savons trop comment la chose se fit, et M. Offenbach, quand il en parle, est encore pris d'éblouissements ; mais toujours est-il qu'*en quelques jours* le bienheureux privilége était octroyé par l'autorité supérieure.

C'était là une victoire inespérée, si séduisant que fût d'abord le programme présenté par le solliciteur.

Il est vrai de dire aussi que le ministère mit de

prudentes restrictions à cette faveur. Dans le principe, le répertoire des Bouffes ne devait se composer que de pantomimes et de saynettes jouées par trois personnages au plus ; c'est-à-dire que le plus chétif vaudeville, le livret le plus infime étaient interdits à M. Offenbach. Les saynettes qu'il lui était permis de donner n'étaient à proprement parler que des parades, en ce qu'elles ne comportaient point d'intrigue et de dénoûment.

Depuis, les choses ont bien changé. De tolérances en encouragements et d'encouragements en permissions, le ministère a concédé à M. Offenbach des droits superbes, comme seigneur des Bouffes-Parisiens. Il y a loin, en effet, des *Deux Aveugles* à *Orphée aux enfers*, sous le rapport des proportions et de l'importance des développements.

Mais entre ces deux extrêmes on peut fixer des points intermédiaires et établir que le privilége des Bouffes, avant d'arriver à son maximum d'extension, a en quelque sorte parcouru six époques distinctes,

Savoir :

PREMIÈRE ÉPOQUE. — Saynettes ne comportant

pas plus de trois personnages. (Pièce qui a inauguré cette époque : *la Nuit blanche.*)

DEUXIÈME ÉPOQUE. — Opérettes en un acte, pouvant, comme les pièces régulières, mettre en scène une action complète, (intrigue et dénoûment,) et comportant quatre personnages. (Pièce d'inauguration : *Ba-ta-klan.*)

TROISIÈME ÉPOQUE. — Figuration par un nombre indéterminé d'artistes sans rôles, mais pouvant chacun chanter un morceau. (Pièce d'inauguration : *les Petits prodiges.*)

QUATRIÈME ÉPOQUE. — Ouvrages en un acte et deux tableaux et pouvant mettre en scène jusqu'à cinq personnages. (Pièce d'inauguration : *Bruschino.*)

CINQUIÈME ÉPOQUE. — Ouvrages en un acte, comportant des chœurs et un nombre illimité de personnages. (Pièce d'inauguration : *Mesdames de la halle.*)

SIXIÈME ÉPOQUE. — Opéras bouffons en deux actes et un nombre illimité de tableaux. (Pièce d'inauguration : *Orphée aux enfers.*)

Voilà ce qui s'appelle aller bon train, et ces six

enjambées sont de belle taille. Ceci justifie d'ailleurs l'épigraphe que nous avons choisie pour cet opuscule :

Petit poisson deviendra grand,
Pourvu que Dieu lui prête vie.

Nous aurions aimé voir ces deux vers de notre vénéré La Fontaine écrits en manière de devise sur le frontion du théâtre. Cette inscription aurait aujourd'hui la valeur d'une prédiction accomplie.

VI

OUVERTURE DES BOUFFES-PARISIENS

Entre deux arbres des Champs-Élysées, le phy-
sicien Lacaze avait bâti un théâtre, moins que cela,
un kiosque (de loin, même, on dirait une guérite).
Ce n'était peut-être pas là le palais que rêvait
M. Offenbach pour loger lui et dame Opérette. Mais
l'exposition universelle avait fait des Champs-
Élysées le boulevard européen, et ce théâtruscule
rachetait son exiguïté liliputienne par sa position
exceptionnelle à la porte du Palais de l'Industrie. Il
y avait là une mine à exploiter.

On se hâta donc de traiter, car chaque minute valait de l'or. Quelques peintures furent demandées à Cambon et Thierry pendant qu'on engageait un orchestre, des danseuses et un personnel chantant.

Enfin, tout fut mené avec une telle activité, que le 5 juillet 1855, l'idée que M. Offenbach avait couvée était mise au jour. Une affiche, en guise de billet de faire part, apprenait à tout Paris cette heureuse éclosion. (Le père et l'enfant se portaient bien.)

Le premier spectacle donné aux Bouffes se composait de :

Entrez ! messieurs, mesdames !... prologue en vers de M. Méry;

La Nuit blanche, saynette ;	Musique
Les Deux Aveugles, pochade ;	de
Et *Arlequin barbier,* pantomime.	M. Offenbach.

(Voir plus loin, aux premières pages du *Répertoire*).

Pour commencer, la troupe chantante n'était qu'une véritable miniature de troupe. Mais aussi, comme l'administration avait eu la main heureuse ! On avait d'abord engagé Darcier, ce prodigieux artiste qui sait chanter sans voix, problème que d'au-

cuns mettent au-dessus de la quadrature du cercle
et de la trisection de l'angle. Puis on avait décou-
vert l'étourdissant Pradeau avec ses mines de so-
lennelle stupidité, et Berthelier, enlevé prématuré-
ment aux Bouffes et dans la fleur du succès... par
un engagement à l'Opéra-Comique. (Priez Sainte-
Foy pour lui.)

Quant au personnel féminin, il se composait uni-
quement de Mlle Macé, ainsi destinée à être épousée
en effigie deux ou trois fois par soirée.

Tout alla bien pendant l'été de 1855 ; mais le
Palais de l'Industrie fermé et la bise venue, la position n'était plus tenable ; huis jours encore, et le
vent du nord, qui aurait eu ses entrées au théâtre,
en aurait fait le conservatoire des rhumes de cer-
veau. Alors on loua la salle du Théâtre-Comte, sise
au passage Choiseul, on la dora, tapissa, capitonna,
chauffa et illumina, le tout à des prix immodérés,
et l'ouverture s'en fit le 29 décembre suivant.

Ainsi les Bouffes — qui se permettent aussi des
voyages — ont hôtel à Paris et villa aux Champs-
Élysées. C'est un train de grand seigneur.

VII

LE PRIX D'OPÉRETTE

Vous êtes peintre et vous avez fait un équivalent des *Moissonneurs* de Léopold Robert ou du *Buisson* de Ruysdael — je vous le souhaite, mais ce n'est qu'une simple supposition — que vous faudra-t-il pour être acclamé selon votre mérite ? Tout au plus un mètre carré de la boutique de Deforges ou de Cachardy ; le lendemain vous serez *posé*. Vous avez le ciseau de Canova ou la plume de Balzac, un coin du Salon ou quelques colonnes de jour-

nal qu'on mettra bien sûr à votre disposition, suf-
firont à la révélation de votre talent. Ce n'est pas
plus difficile que cela.

Mais vous êtes musicien et vous vous avisez d'as·
pirer aux lauriers du théâtre. C'est bien une autre
histoire!... Quand votre œuvre est sur pied (eus-
siez-vous l'expression dramatique de Weber unie à
la verve rossinienne), il faut encore, pour la produire
au grand jour, le concours de toute une armée de
musiciens, de chanteurs, de machinistes, de déco-
rateurs et de costumiers. La difficulté est centu-
plée, et voilà pourquoi il est à Paris toute une po-
pulation de compositeurs condamnés à errer dans
les limbes de l'inédit.

L'ouverture des Bouffes a produit à ce troupeau
affamé l'émotion qu'eût causée une bouchée de pain
tombant sur le radeau de *la Meduse*.

M. Offenbach s'est empressé d'ouvrir son théâtre
à toutes ces jeunes ambitions; et, en quatre ans
et demi, il a donné les honneurs de l'affiche à plus
de noms inconnus qu'il n'a été possible aux autres
théâtres de le faire depuis au moins dix ans.

Cette bienveillance a été, pour ainsi dire, érigée

en système lorsque, dans l'été de 1856, le directeur des Bouffes ouvrit un concours pour récompenser l'auteur (*inédit !*) de la meilleure opérette.

C'est là, je crois, un fait sans précédents dans les annales du théâtre.

Voici, du reste, le programme de ce concours; les termes en sont assez explicites pour nous dispenser de tout commentaire :

« ART. 1er. — Il est ouvert au théâtre des Bouffes-Parisiens un concours destiné à récompenser l'auteur du meilleur ouvrage d'opéra-comique proprement dit présenté à la direction dans les conditions suivantes :

» ART. 2. — Le prix consistera dans une somme de 1,200 francs et une médaille d'or de la valeur de 300 francs.

» ART. 3. — Sont admis à concourir les compositeurs français et les compositeurs étrangers résidant à Paris depuis plusieurs années qui, à l'époque du concours, n'auraient pas eu d'ouvrage représenté ni à l'Opéra ni à l'Opéra-Comique.

» Tout compositeur qui aurait eu plus de deux

actes joués au Théâtre-Lyrique n'est pas admis à concourir.

» ART. 4. — Le concours comprendra deux épreuves : la première provisoire, dite d'admissibilité, la seconde définitive.

Première Épreuve.

» Les compositeurs qui voudront prendre part au concours devront envoyer à la direction avant le 25 août 1856 :

» 1° Une mélodie avec chœur et accompagnement pour le piano ;

» 2° Une mélodie avec accompagnement d'orchestre ;

» 3° Un morceau d'orchestre à grande partition.

» Sur tous les concurrents, il en sera désigné six par le jury d'examen, lesquels seront seuls reconnus aptes à prendre part au concours définitif.

» Ce résultat sera connu et publié le 15 septembre 1856.

Deuxième Épreuve.

» Dans la quinzaine qui suivra la nomination des

six concurrents, et après que ceux-ci auront, sans communication avec le dehors, instrumenté, séance tenante, une mélodie qui leur sera délivrée par le jury, il leur sera remis par la direction le poëme qu'ils devront mettre en musique.

» Cette pièce devra être rendue à la direction le 15 décembre.

» L'ouvrage couronné sera représenté du 15 février au 1er mars 1857. »

Le jury d'examen était composé de MM. Auber, Halévy, Ambroise Thomas, Scribe, Saint-Georges, Mélesville, Leborne, Victor Massé, Gounod, Gevaert et Bazin.

Les concurrents furent au nombre de soixante-dix-huit, dont soixante-cinq de Paris et treize seulement de la province (chiffres à méditer).

Le résultat de la 1re épreuve donna ces six noms:

MM. Bizet,
      Demersemann,
      Erlanger,   de Paris.
      Lecoq,
      Limagne,
      Manniquet, de Lyon.

Quand, après la seconde épreuve, il fallut décerner le prix, le jury décida qu'il serait partagé entre MM. Bizet et Lecoq, et que leurs deux partitions, adaptées au même livret, seraient jouées alternativement.

Mais, hélas! le public, qui, en matière d'art, est le jury des jurys, trouva pièce et musique indignes de tant d'honneur. On bâilla pendant une huitaine de jours aux représentations du *Docteur Miracle*, — c'était le nom de l'ouvrage couronné, — puis il n'en fut plus question.

A la vérité le résultat du concours ne fut pas à la hauteur de l'idée généreuse qui y avait présidé, et la musique des lauréats n'était pas un miracle d'invention et de verve bouffonne.

Mais alors, qu'avait donc écrit le soixante-dix-huitième concurrent?... (Voir cette pièce curieuse et mourir !!)

VIII

LES BOUFFES EN VOYAGE

Un théâtre qui voyage !... voilà bien de ces miracles que sait faire la magicienne Locomotive.

Il ne manquait, en effet, à M. Offenbach que d'avoir emballé les quatre murs des Bouffes ; il eût ainsi littéralement *mis au chemin de fer* son théâtre. On en arrivera peut-être un jour à ce perfectionnement que nous aurons été le premier à prédire. N'avons-nous pas déjà les chalets mobiles ?

En attendant, la caravane dramatique commandée par le directeur des Bouffes était forte de cinquante personnes, tant artistes chantants que musiciens d'orchestre et machinistes, emportant décors, costumes et accessoires. On eût dit des missionnaires du franc-rire quittant la maison-mère de leur ordre pour aller catéchiser les tribus infidèles.

Encore nous ne comptons pas une meute de lovelaces parisiens, qui émigrèrent pour ne pas perdre de vue les beaux yeux de ces dames. Les requins affamés suivent aussi les navires, et ils ne sont pas compris dans l'effectif de l'équipage.

C'est pendant les étés de 1857 et 1858 qu'eurent lieu ces pérégrinations, dont voici du reste le tableau :

VOYAGE DE 1857.

LONDRES. — *Ba-ta-klan*, *les Deux Aveugles*, *Dragonette*, *l'Opéra aux fenêtres*, *le Savetier et le Financier*, etc..., représentés au théâtre Saint-James.

LYON. — *Croquefer*, *Ba-ta-Klan* (quatre-vingt-six fois), *les Deux Aveugles, le Savetier et le Financier*, etc..., représentés au Grand-Théâtre.

VOYAGE DE 1858.

MARSEILLE. — *Le Mariage aux lanternes, Mesdames de la halle, les Petits prodiges, Bruschino, M'sieu Landry, le 66*, etc..., représentés au Grand-Théâtre.

BERLIN. — *Pepito, Mesdames de la halle, le Violoneux, le Mariage aux lanternes*, etc..., représentés au théâtre Kroll.

EMS. — Même répertoire qu'à Berlin, et exécuté sur un théâtre bâti tout exprès dans le jardin du Kursaal.

IX

RÉPERTOIRE

DES PIÈCES REPRÉSENTÉES AUX BOUFFES-PARISIENS

(Du 5 juillet 1855 au 10 février 1860).

ENTREZ, MESSIEURS, MESDAMES!... prologue en vers de MM. Méry et Ludovic Halévy, musique de M. Offenbach (5 juillet). — Tout prologue qui se respecte un peu équivaut à une profession de foi ; c'est, si vous l'aimez mieux, un programme gonflé de promesses et institué pour faire entrevoir au public des horizons de joies ineffables. Cela a quelque chose de l'*annonce* que les pitres de l'ancienne foire Saint-Laurent, débitaient entre deux cabrioles de leurs parades burlesques ; seulement le coup de grosse caisse traditionnelle a été remplacé par d'ingénieuses tirades en vers. (O la civilisation !...) Écoutez plutôt M. Méry :

Oui, nous voulons reprendre encore à l'Italie,
Ses trésors de gaîté, d'amour et de folie ;
Ses héros éternels qui, sans rides au front,
Jeunes de trois cents ans, jamais ne vieilliront,
Et doivent amuser, par un droit d'héritage,
Les hommes sérieux, les enfants de tout âge.

. . . .

Nous nous arrêtons à ce dernier hémistiche parce qu'il nous paraît bien finir notre citation et puis qu'il nous remet en mémoire une anecdote, moins que cela, un mot que nous avons eu la bonne fortune de recueillir et qui vaut bien la peine d'être ébruité. Il prouve d'ailleurs comme dit le poëte qu'il y a des « enfants de tout âge. »

La scène se passait entre le rond-point et l'arc de triomphe. Cheminait sur l'asphalte une bonne tenant par la main un enfant, lequel traînait à son tour une petite voiture de fer-blanc,

— Hue !... diah ! disait le moutard à son attelage microscopique.

Vient à passer un sportman avec son stick, son épingle en fer-à-cheval, ses favoris à la mode de Londres et autres insignes.

— Hue !... diah ! criait toujours l'enfant.

— Voilà, pardieu ! dit l'homme au stick, un gamin heureux ; je donnerais bien mes deux alezans pour jouer encore à ces jeux innocents.

— Pardinne, riposta la bonne qui, sans le savoir faisait de l'esprit avec du simple bon sens, pardinne vous aussi, monsieur, vous jouez avec une voiture... seulement la vôtre est plus grande ; voilà la différence !

LA NUIT BLANCHE, paroles de M. Plouvier, musique de M. Offenbach (5 juillet). — Cette bluette fut trouvée un peu sentimentale ; après cela la voix de Darcier *pleurait* si bien les romances de M. Offenbach.

LES DEUX AVEUGLES, paroles de M. Jules Moineaux, musique de M. Offenbach (5 juillet). —

Cette pochade obtint un succès prodigieux. Le bouffon atteint rarement ce paroxysme de folie ; quand le hatchich ne pousse pas à la mélancolie, il doit porter à de pareils excès d'idée et de langage. Pradeau et Berthelier — des figures à décourager Cham et Daumier — débutèrent dans *les Deux Aveugles* et y firent merveille.

Se rappelle-t-on le joli bolero :

> La lune brille,
> L'étoil' scintille,
> Viens ma gentille,
> Suis ton Pedro.
> A ta fenêtre
> Daigne paraître,
> Brave ton maître,
> Ton Bartholo.

Une valse naquit de ce boléro, et une histoire, dont retentissent encore les échos de la rue Blanche, naquit de cette valse. J'aimerais à vous la conter si elle ne devait allonger ce petit volume de quelque six à sept cents pages. Un jour nous la publierons quelle que soit la violence de certains chapitres où il sera parlé de bandits en habit noir, de coups d'épée, d'enlèvements et de femmes folles sans le savoir.

ARLEQUIN BARBIER, ballet-bouffon, de M. Placet, musique de M. Lange (5 juillet). — C'était le *Barbier de Séville* traduit dans la langue muette de la pantomime. La partition de ce ballet était bourrée des airs de Rossini qui, en les soulignant, rendaient les situations plus claires. L'Arlequin Derudder s'y montrait d'un disloqué à faire dresser les cheveux. De pareilles gambades réfutent les traités d'anatomie passés et futurs.

LE RÊVE D'UNE NUIT D'ÉTÉ, paroles de M. Trefeu, musique de M. Offenbach (30 juillet). — La pièce aurait pu tout aussi bien s'intituler *le Songe d'une nuit d'été;* mais ce titre déjà immortalisé par Shakespeare, repris par Mendelsohn, et enfin utilisé par M. Ambroise Thomas, n'était vraiment plus de mise. La chose eut donc nom *le RÊVE d'une nuit d'été...* Quel ingénieux synonyme !

PIERROT CLOWN, pantomime de M. Jackson, musique de M. Lange (30 juillet). — Encore Derudder !

UNE PLEINE-EAU, paroles de M. Ludovic Halévy, musique de MM. d'Osmond et Costé (29 août). — La collaboration musicale a été tentée plusieurs fois et avec un insuccès presque constant. Aujourd'hui qu'on y a renoncé, nous ne connaissons guère que MM. d'Osmond et Costé, véritables frères siamois de la composition, qui s'obstinent à vouloir mener à bien une partition écrite à frais communs d'imagination.

LE VIOLONEUX, paroles de MM. Mestepès et Chevalet, musique de M. Offenbach (31 août). — Il fallait entendre Darcier chanter les couplets du *Violoneux*; que de larmes il avait dans la voix au début de ce morceau si touchant, et avec quel art il arrivait à l'explosion pathétique du refrain ! Cette musique est vraiment une belle musique, et ce chanteur un beau chanteur.

POLICHINELLE DANS LE MONDE, pantomime de M. Busnach, musique de M. Lange (19 septembre).

— Incompatibilité d'humeur de plus en plus reconnue entre les Bouffes et la pantomime.

MADAME PAPILLON, paroles de M. Ludovic Halévy, musique de M. Offenbach (3 octobre). — On connaît Pradeau et sa silhouette pour rire... Eh bien ! dans cette opérette, Pradeau revêtait le costume du *beau sexe* (!)

LE DUEL DE BENJAMIN, paroles de M. Mestepès, musique de M. Jonas (20 octobre). — La frayeur de l'épicier Benjamin devant le sabre d'un zouave avait mis M. Jonas en humeur d'écrire une jolie musique bouffe.

PÉRINETTE, paroles de M. Deforges, musique de M. Offenbach (29 octobre). — Le soir même et à deux pas du théâtre, une sirène de café-concert désolait les échos des Champs-Élysées en chantant *les Vingt sous de Périnette*. Il est bon de prévenir la postérité que la jolie cantilène de M. P. Henrion datait alors de deux ans au moins et ne faisait, par conséquent, aucune allusion méchante à la recette des Bouffes.

LES STATUES DE L'ALCADE, pantomime de M. Julian, musique de M. Pilati (29 décembre). — Là
pantomime sans Paul Legrand est passée à l'état de
problème ; or, Paul Legrand manquait à celle-ci ;
donc...

SUR UN VOLCAN, paroles de M. Méry, musique de
M. l'Epine (29 décembre). — Ici, il faut applaudir
non la pièce, mais les auteurs, qui, après une représentation malheureuse, ont retiré leur ouvrage.
Ah ! si cet acte de justice et de désintéressement
avait donc fait école !... Un quart d'heure avant,
Mlle Léocadie, une très-jeune élève du Conservatoire, avait dit un *prologue* de M. Méry dont les
vers étincelaient d'esprit, comme la salle Choiseul,
qu'on inaugurait ce jour-là, éblouissait par ses dorures.

BA-TA-KLAN, paroles de M. Ludovic Halévy, musique de M. Offenbach (29 décembre). — Fantaisie
chinoise assaisonnée au gros sel de la parade. Non,
il n'est peut-être pas de conception plus folle que
celle-là et qui contienne à plus haute dose l'élément

du gros rire. Pradeau et Berthelier s'étaient *fait des têtes* à dérider les cariatides du théâtre ; nous avons quelquefois pris le thé dans des tasses chinoises où l'on jurerait voir leurs portraits.

Quant à la partition, c'est une des meilleures et des plus franchement originales qu'ait données M. Offenbach. Elle contenait entre autres morceaux remarquables : une introduction, un duo plein de verve, et un quatuor bouffe, pastiche et à la fois parodie du genre sérieux italien.

Ba-ta-Klan inaugura la salle Choiseul (ancien Théâtre-Comte).

1856

ÉLODIE ou LE FORFAIT NOCTURNE, paroles de
MM. Crémieux et Battu, musique de M. Léopold
Amat (19 janvier). — Encore une charge à l'a-
dresse de la garde nationale. Comme ce genre de
plaisanterie divertirait bien autrement, si on ne
songeait que d'honnêtes pères de famille sont à se
morfondre sur la place de l'Hôtel-de-Ville, avec sac,
fusil, lunettes et tout ce qu'il faut pour guetter le
roi de Prusse. Or, le roi de Prusse vient si rare-

ment que ce n'est pas la peine d'en parler. Léonce, qui venait du Vaudeville, a débuté dans *Élodie* (rôle du caporal Cruchot).

Un Postillon en gage, paroles de MM. Plouvier et Jules Adenis, musique de M. Offenbach (9 février). — Pièce d'une médiocre gaieté, mais ragaillardie pourtant par la bonne figure que faisait Léonce dans un rôle de femme.

Venant de Pontoise, paroles de M. Mestepès, musique de M. Dufrène (19 février). — Musique facile et agréable.

Le Thé de Polichinelle, paroles de M. Plouvier, musique de M. F. Poise (4 mars). — Poème obscur, musique limpide.

Pepito, paroles de MM. Battu et Moineaux, musique de M. Offenbach (10 mars). — Trois ou quatre hivers auparavant on avait joué *Pepito* aux Variétés, avec Leclerc dans le rôle repris aux Bouffes par Pradeau. Cette opérette est, croyons-

noûs, le premier ouvrage dramatique de M. Offenbach.

TROMB-AL-KAZAR, paroles de MM. Dupeuty et
Bourget, musique de M. Offenbach (3 avril). — Le
rôle que jouait Léonce dans cette pièce comportait
un costume ainsi composé : un casque romain, une
colerette à la Henri IV, un pourpoint à crevés, un
manteau à la Henri II, un maillot orangé vif, un
sabre de cuirassier et des bottes a chaudron. La
pièce était dialoguée justement dans ce style extra-
burlesque. On y disait des couplets qui vantaient
les charmes du jambon de Bayonne, ce qui était un
grand honneur pour la charcuterie départementale.

LES PANTINS DE VIOLETTE, paroles de MM. Léon
Battu et Déforges, musique d'Adolphe Adam
(29 avril). — Un peu moins d'un an avant la représentation des *Pantins de Violette*, Adolphe
Adam avait écrit à M. Jouvin une lettre dans laquelle il définissait parfaitement la nature de son
propre talent, tout en peignant avec un rare bonheur
d'expression les tendances actuelles de l'art.

« ... Je me reconnais effectivement, — avait-il

dit, — atteint de cette hystérie musicale qui me
force à produire sans cesse. Aussi, comme je ne
sais pas et ne veux pas savoir jouer au whist, Dieu
sait quelle vieillesse m'attend, quand on ne voudra
plus de ma musique ! Le moment n'en est peut-être
pas bien loin. Je ne sais faire que de la *musique
qui caresse;* mais le public devient lépreux : il commence à aimer qu'on le gratte ; il voudra bientôt
qu'on l'égratigne et qu'on l'écorche. »

Et ce sont là de grandes vérités. Le répertoire
d'Adam n'est qu'une longue caresse mélodique qui
commence au *Chalet* pour finir aux *Pantins*. Cette
dernière partition, toute pimpante de verve et d'originalité, fut comme le chant du cigne de l'artiste
regretté. A quelques jours de là, il fut trouvé mort
un matin dans son lit.

La romance *Quand j'ai perdu ma tourterelle...*
dont l'exposition mineure se retrouve au majeur
dans la conclusion, est d'un tour naïf et pleureur;
la *Chanson du pantin* et les couplets d'Alcofribas
mettent la joie au cœur par leur rhythme entraînant
et la netteté de leurs contours mélodiques.

L'Impresario, paroles de MM. Léon Battu et

Ludovie Halévy; musique de Mozart (20 mai). — Cette opérette fut composée en 1786, à l'occasion d'une fête que l'empereur Joseph II donnait à son château de Schœnbrunn. Mozart avait alors trente ans; il allait donner son *Don Juan*, et déjà *l'Enlèvement au sérail* était joué sur toutes les scènes d'Allemagne et d'Italie. C'était la plus belle époque de son talent. On a eu raison de ressusciter cette partitionnette, un peu perdue dans le catalogue des œuvres de Mozart, catalogue formidable, surhumain et qui constate que ce maître a laissé plus de huit cents ouvrages ! Encouragé par le succès de cette première tentative, M. Offenbach a fait faire un travail de rentoilage analogue pour une œuvre de jeunesse de Rossini, laquelle a pris à son théâtre le titre de *Bruschino*. Il est question de donner aussi bientôt la *Serva padrona* de Pergolèse, que M. Gevaert aurait été chargé d'approprier à la scène moderne.

Pourquoi n'esseyerait-on pas de faire encore des fouilles de ce genre dans le vieux repertoire? La mine est assez riche pour qu'on puisse espérer de l'exploiter avec fruit. (Avis aux antiquaires.)

VÉNUS AU MOULIN D'AMPIPHROS, paroles de M. Jules Bresil, musique de M. Paul Destribaud (31 mai). — Je ne sais si un sonnet bien fait vaut à lui seul un long poëme; mais ce que j'affirme, c'est qu'une romance réussie vaut mieux que certains opéras que je pourrais nommer — si ce n'était le respect que je dois au lecteur. — Or, c'est justement par une romance que le talent de M. Destribaud nous fut révélé. Mais, quelle romance! c'est cette idyle fantastique et rêveuse comme un conte allemand, ce poëme attendrissant qui a nom *l'Ondine*. Quand on a fait *l'Ondine*, on peut bien se reposer; mais M. Destribaud, au lieu de jouir de ce droit superbe, a donné encore *la Chanson de Fortunio* — empruntée au *Chandelier*, l'amoureuse comédie de Musset, — *le Chant de l'Almée*, sur des paroles de M. Méry, et quantité d'autres pièces de chant et de piano. De la *Vénus au moulin d'Ampiphros* il est resté un trio de table bien fait, le gracieux andante de l'ouverture et la jolie chanson du tabac.

LA ROSE DE SAINT-FLOUR, paroles de M. Michel

Carré, musique de M. Offenbach (12 juin). — Il y a dans Paris, toute une colonie d'Auvergnats. Les cinq doigts de la main se tiennent moins que les membres de cette franc-maçonnerie du charabia. Ce sont de vaillants et d'honnêtes travailleurs que les fils de l'Auvergne ; mais les Parisiens leur pardonnent peu d'avoir accaparé deux des quatre éléments : l'eau et le feu, et de les vendre en boutique. On s'est ému aussi, et plus que de raison, de leur devise comiquement altière : « Ni hommes ni femmes... tous Auvergnats, » et qui n'a rien à envier au fameux : « Roi ne suis, prince ne daigne, Rohan suis. » Ces petits méfaits ont engendré des jalousies irrémédiables et dont les vaudevillistes ont profité en déversant le venin de la moquerie sur la gent auvergnate. Il est juste pourtant de dire que *la Rose de Saint-Flour* ne contenait ce toxique qu'à petite dose.

M. Offenbach a composé pour cette bluette un air de biniou qui ressemblait aux meilleures bourrées du Cantal. Cet air était aussi vrai que nature.

La Rose de Saint-Flour fut donnée pour la réouverture de la salle des Champs-Élysées.

LES DRAGÉES DU BAPTÊME, paroles de MM. Dupeuty et Bourget, musique de M. Offenbach (18 juin). — Opérette composée à l'occasion du baptême du Prince impérial. On sait ce qu'il reste des ouvrages de circonstance ; de là le proverbe : Passé la fête, adieu... la pièce ! (Début de Mlle Maréchal.)

MARINETTE ET GROS-RENÉ, paroles de M. Léon Duprez, musique de M. Gustave Hecquet (24 juin). — La revue musicale que M. Hecquet rédige avec conscience et savoir dans les colonnes de l'*Illustration* a grandi en autorité depuis la représentation de cette opérette. On ne sait pas combien il serait urgent d'exiger de tout critique d'art la production d'une œuvre quelconque. L'épreuve fût-elle malheureuse, elle prouverait encore les connaissances spéciales du critique qui l'aurait signée, et le public y attacherait l'idée d'un brevet de compétence.

LES BERGERS DE WATTEAU, divertissement de MM. Mathieu et Placet, musique de M. Lange (24 juin). — C'est à partir de ce jour que M. Offenbach renonça aux danseurs, à leurs pompes et surtout à leurs œuvres.

Le 66, paroles de MM. Deforges et Laurencin, musique de M. Offenbach (31 juillet). — Il y avait là une tyrolienne qui eût été ravissante sans son air de famille avec celle de *Betly*, laquelle serait étincelante si elle ne ressemblait à toutes les tyroliennes connues. Mais le joli duo que celui qu'on chantait au lever du rideau ! que de grâce et de naïveté charmante ! (Début de Gertpré, qui, comme l'a très-bien dit M. Jouvin, remplaçait l'originalité par la vivacité.)

La Parade, paroles de M. Bresil, musique de M. Jonas (2 août). — Il n'a manqué à cette bouffonnerie que d'être jouée à la porte du théâtre : c'est même d'abord ainsi que nous avions compris la chose, et cela nous réjouissait fort pour les promeneurs des Champs-Élysées. Mais il en fut autrement (crainte du mauvais temps).

Les deux Vieilles Gardes, paroles de MM. de Villeneuve et Lemonnier, musique de M. Léo Delibes (8 août). — Pochade sans prétention et qu'assaisonnait une musique d'un joli style bouffe ; le tout bien accueilli.

Le Guetteur de nuit, paroles de MM. Léon Beauvallet et de Jallais, musique de M. Blacquière (30 août). — Cet ouvrage n'a pas tenu longtemps l'affiche.

Un Duo de Serpents, paroles de MM. Commerson et Furpille, musique de M. Cottin (6 septembre —Nous devons à la vérité de dire que ce duo n'a eu qu'un très-petit nombre de représentations.

Le Financier et le Savetier, paroles de M. Hector Crémieux, musique de M. Offenbach (23 septembre). — Agréable parodie de la fable de La Fontaine. Pradeau était d'une fantaisie et d'un imprévu au delà de toute expression dans le rôle du financier Belazor. Peut-on pousser plus loin l'art d'être stupide?

La ronde sur ces paroles burlesques :

Il faut qu'un bon savetier
Save... save... save... save... (*bis.*)
Il faut qu'un bon savetier
Save... save... save... save...
Son métier.

cette ronde, disons-nous, a sa place parmi les meilleurs pont-neufs de la *Clef du Caveau*.

Le Financier et le Savetier a été donné pour la réouverture de la salle Choiseul.

LA BONNE D'ENFANTS, paroles de M. Bercioux, musique de M. Offenbach (14 octobre). Pièce plus comique en intention qu'en réalité.

LE CUVIER, paroles de M. de Prémaray, musique de M. Hassenhut (26 octobre). — Mlle Maréchal invente de nouvelles œillades et se perfectionne dans l'art de les lancer.

SIX DEMOISELLES A MARIER, paroles de MM. Choller et Jaime fils, musique de M. Leo Deslibes (12 novembre).— Encore Pradeau ; mais cette fois avec des cris de coq et les cheveux hérissés, pour simuler la crête de ce volatile. C'est dans cette pièce qu'ont débuté Tayau et son violon. On n'ignore pas que cet instrument est familier à l'artiste qui l'a si agréablement utilisé dans plusieurs de ses créations. Tayau est en outre régisseur de la scène au théâtre des Bouffes, et il fait au besoin un peu de gymnastique (voir l'article *M. Chimpanzé*).

M'SIEU LANDRY, paroles de M. Duloc̣le, musique de M. Duprato (24 novembre.) — Paysannerie écrite dans le jargon bas-normand, ou plutôt dans cet idiome composite qu'on est convenu de parler au théâtre quand le décor représente une chaumière ; véritable salade de locutions empruntées à tous les patois de France, et pour l'assaisonnement de laquelle MM. les vaudevillistes lésinent le plus souvent. Ce baragouin fastidieux n'appartient proprement à aucune province et, outre qu'il manque de gaieté, il n'est pas plus *nature* que les idylles de Mme Deshoulières ou les souliers de satin blanc dont Boucher chaussait ses invraisemblables bergères.

L'ORGUE DE BARBARIE, paroles de M. de Leris, musique de M. Alary (24 décembre). — Par le titre de cette pièce, M. Alary semblait donner l'éveil aux virtuoses de la rue et les prévenir qu'il y avait *à prendre* dans sa partition. Mais nous avons eu beau écouter à tous les carrefours, l'écho ne nous a apporté que l'air des *Lanciers* ou celui des *Petits agneaux!*... — Nous nous plaindrons !

1857

LES TROIS BAISERS DU DIABLE, féerie de M. Mestepès, musique de M. Offenbach (15 janvier). — Il y a longtemps que les poëtes ne daignent plus imaginer une féerie nouvelle ; ils se contentent de refaire la même. Cette mystification dure bien depuis une cinquantaine d'années et en cherchant dans les parages de 1810 à 1815 on trouverait probablement la féerie-type qui a engendré toutes les autres. Quand la mythologie, avec ses dieux couleur chair, a cessé d'être en faveur au théâtre, on y a vu s'installer le diable avec ses gants rouges, son manteau noir, ses cheveux tumultueux et ses cornes (sauf votre respect!). Qu'il s'appelle Méphistophélès, Bertram ou Asmodée, le diable n'apparaît jamais que pour réclamer le payement d'une âme livrable à l'échéance de minuit suivant le pacte inexorable dont il tient copie sur papier rouge. Mais un bon génie vient au secours de la pauvre âme et sa baguette protectrice fait disparaître le démon par une trape d'où s'échappent des lueurs de lycopode. N'est-ce pas là le fond de toutes les féeries? Cette fable médiocre comporte, il est vrai, des trucs et des changements à vue dont le jeu éclairé par des flammes du Bengale est quelquefois d'un effet agréable.

CROQUEFER OU LE DERNIER DES PALADINS ; paroles de M. Jaime fils et Trefeu, musique de M. Offenbach (12 février). — Fantaisie abracadabrante de la famille de *Ba-ta-Klan* et de *Tromb-al-Kazar*, de cette race boiteuse, biscornue et qui prête à rire à sa difformité même.

On n'a point oublié la jolie chanson en manière de

ballade drôlatique que disait Pradeau et le duo plein d'entrain que chantaient Tayau et Mlle Maréchal.

APRÈS L'ORAGE... paroles de M. Boisseaux, musique de M. Galibert (5 mars). — Eh! vous l'avez deviné, lecteur, après l'orage... revient le beau temps. C'est ce qu'il s'agissait de prouver sous l'allégorie touchante de deux époux qui s'embrassent après s'être querellés (*quod erat demonstrandum.*)

DRAGONETTE, paroles de MM. Jaime fils et Mestepès, musique de M. Offenbach (30 mars). — Léonce en cantinière, — Mlle Coraly Guffroy en fifre. — Début de cette dernière... Grand effet de chevelure blonde.

LE DOCTEUR MIRACLE, paroles de MM. Battu et L. Halévy ;
musique de

M. Lecoq (8 avril).	M. Bizet (9 avril).
— Hélas!...	— Holà !...

(Ces cris que la douleur nous arrache sont expliqués à la page 27.)

LE ROI BOIT ! paroles de MM. Jaime fils et Mestepès, musique de M. Jonas (9 avril). — La musique de cette opérette était élégante et bien tournée ; la pièce avait l'allure de ces vaudevilles lestes et pétillants qu'entre deux rasades imaginaient les membres du Caveau. On y pourrait bien trouver quelques points de ressemblance avec une bluette agréable jouée place de la Bourse sous le titre de *la Corde sensible*. Mais nous nous soucions peu de composer à ce sujet une satire dans le style de Juvenal et nous aimons mieux parler de Caillat qui, dans *le Roi boit !* rendait une scène d'ivresse avec une vérité très-grande. Comme ses jambes oscillaient avec abandon ! Comme il avait l'œil injecté d'alcool ! et quel jargon aviné il parlait !... C'était à croire que pour obtenir ces effets, l'administration subventionnait Caillat de fortes *regalades*.

L'OPÉRA AUX FENÊTRES, paroles de M. Ludovic Halévy, musique de M. Gastinel (5 mai). — C'était un véritable opéra que l'on chantait accoudé à de véritables fenêtres. Un décor ingénieux et compliqué en charpente, représentait une maison vue de face et dont les ouvertures laissaient l'œil du spectateur pénétrer dans l'antre d'un tuteur cacochyme et jaloux, dans la chambrette d'une allemande rêveuse, et dans la mansarde d'un poëte. La pièce était gaie sans tapage, et pleine de situations heureuses. Dans la partition, il y avait un quatuor très-bien fait et une valse d'un rhythme très-accentué.

M. Gastinel, l'auteur de la musique, est un ancien prix de Rome qui n'attend qu'une occasion favorable pour se révéler d'une façon plus éclatante. La patience est un art aussi bien qu'une vertu ; on en devrait enseigner les secrets au Conservatoire.

LA POMME DE TURQUIE, paroles et musique de Mlle Pauline Thys (9 mai). — Mlle Pauline Thys est une des spécialités de la romance. A l'époque du Jour de l'an, quand ce produit fait une concurrence si désastreuse aux oranges et aux sucres de pomme, l'album de Mlle Thys étincelle de dorures à la vitre de tous les marchands de musique.

VENT-DU-SOIR ou L'HORRIBLE FESTIN, paroles de M. Gilles, musique de M. Offenbach (16 mai).

— A en croire les récits des voyageurs, les sau-
vages manqueraient essentiellement de gaieté ; mais
si on en juge par ceux des Bouffes-Parisiens, on
serait tenté de prendre Robinson Crusoé pour un
mystificateur et le capitaine Cook pour un misan-
thrope. Le fait est qu'on se pâmait de rire à voir
le terrible Vent-du-Soir manger un ours sacré en
croyant dévorer un coiffeur, et son compère le
Lapin-Courageux avaler une tabatière à musique
qui égayait sa digestion en exécutant (*in petto*) une
valse entraînante.

Voilà pour le comique ; quant à l'élément gra-
cieux, Mlle Garnier et, après elle, Mlle Maréchal,
étaient chargées de le représenter. Dans un rôle de
princesse sauvage, ces dames portaient à ravir un
costume qui ne pesait peut-être pas cinq cents
grammes.

Désiré a débuté dans cette pièce en jouant le
personnage de Vent-du-Soir avec une effervescence
et un luxe de mimique qui compromirent son succès. Plus tard, il s'est relevé de ce demi-échec et,
en atténuant les violences de son jeu, en cherchant
à allier la finesse à l'excentricité excessive, il a su
se faire un ami du public.

Désiré venait de Marseille où depuis quatre ans il faisait fureur. Avant, il s'était fait remarquer au Théâtre-Royal de la Haye; il y jouait, de prédilection, le rôle de Bourguignon dans *les Jeux de l'Amour et du Hasard*. On a conservé aussi un bon souvenir de Désiré au théâtre des Galeries Saint-Hubert à Bruxelles et au théâtre de Montmartre, où il a débuté avec succès dans *le Philtre champenois*.

UNE DEMOISELLE EN LOTERIE, paroles de MM. Crémieux et Jaime fils, musique de M. Offenbach (27 juillet). — Le gros lot de cette loterie était Mlle Tautin, qui arrivait du Grand-Théâtre de Lyon avec tout un bagage de séductions : séduction de voix métallique et flexible, séduction de jeu plein de finesse et de gaillardise... Que sais-je encore?

Depuis, Mlle Tautin a étudié la danse et l'escrime. Il n'est pas à dire pour cela que ses pirouettes rivalisent de prestesse avec celles de la Ferraris ou de la Livry ni que ses dégagements puissent tromper les parades victorieuses des Grisier et des Duménil; mais, dans *Geneviève de*

Brabant, Mlle Tautin a distribué des coups d'épée qui égalaient en agilité et en vigueur les pas de danse qu'elle a depuis exécutés dans *le Carnaval des Revues*. Cela ne s'improvise pas et prouve qu'il y a chez Mlle Tautin une grande variété d'aptitudes jointe à un désir immodéré de bien faire.

La Momie de Roscoco, paroles de M. de Najac, musique de M. Eugène Ortolan (27 juillet). — La pièce, d'un médiocre intérêt, se trouvait ragaillardie par quelques jolies mélodies, un peu académiques, il est vrai, et infiniment trop étrangères au style bouffon, mais, en somme, correctement écrites.

Au Clair de la Lune, paroles de M. de Leris, musique de M. de Vilbac (4 septembre). — Il se trouva des gens qui, à ce clair de lune, préférèrent celui qu'il faisait le soir même dans les Champs-Élysées. Pourtant, il y avait un très-joli duo dans la partition de M. de Vilbac.

Rompons !..., paroles de MM. Jautard et de Jallais, musique de M. Vogel (21 septembre). — Ceci

est le récit d'une querelle entre étudiant et étu-
diante, querelle qui aboutit à un *Rompons!...*
des mieux accentués. Or, comme ces histoires-là
sont passées de mode! et comme le public a de la
peine à se laisser mener une fois encore dans un
de ces antiques *garnis* du quartier latin où la
chambre se payait vingt francs par mois, y compris
le cirage et le droit d'empêcher les voisins de dor-
mir! Tous ces vieux types d'étudiants gouailleurs,
le béret sur l'oreille, la pipe et la chanson à la
bouche, avaient un air de famille avec les joyeux
clercs de la basoche, ces bandes querelleuses qui, au
moyen âge « jetèrent souventes fois en de mélan-
» colicques pensers monseigneur le roy de France. »
Aujourd'hui, ils n'existent pas plus que la grisette
bonne fille avec son bonnet à rubans bleus, pas
plus que la rue de la Harpe, théâtre de leurs mœurs
pittoresques. Les journaux de mode et la pioche
municipale ont démoli tout cela; ce qui n'a pas
empêché MM. Jautard et de Jallais de chercher,
après Gavarni et Frédéric Soulié, un coin ignoré
dans les mansardes du Pays latin.

La musique de cette opérette était de M. Vogel,

l'auteur de *l'Ange déchu*, un beau spécimen de romance dramatique.

LE TROISIÈME LARRON, paroles de M. Duflot, musique de M. de Corcy (21 septembre).—Léonce et Caillat y faisaient bonne figure dans deux rôles burlesques. Pourtant, la pièce fut trouvée de médiocre intérêt et disparut vite de l'affiche.

LE MARIAGE AUX LANTERNES, paroles de M. Dubois, musique de M. Offenbach (10 octobre).— Cet ouvrage, qui n'est pas le premier sur notre liste, est pourtant celui dont l'acte de naissance porte la date la plus ancienne. Il fut donné à la salle Herz, sous le titre de : *le Trésor à Mathurin*, quelques années avant l'ouverture des Bouffes. Les rôles en étaient tenus par Sainte-Foy, Mmes Meillet, Lemercier et Théric (de la Comédie-Française). Traduit en allemand, *le Mariage aux lanternes* a été joué avec beaucoup de succès dans presque toutes les villes d'outre-Rhin. On y applaudit surtout un duo très-vif, écrit pour deux voix de femme, et un quatuor dont le motif principal, ingénieusement développé, est du meilleur effet.

L'ARBRE DE ROBINSON, paroles de M. Bourdois, musique de M. Erlanger (19 octobre). — Quand vient l'été, il est un pèlerinage champêtre dont les Parisiens raffolent. On s'en va, les uns avec un melon,

Et les autres tout seuls,

dans un site fleuri des environs de Sceaux, chercher de l'air, de l'ombre et des bouquets de pâquerettes. L'attrait principal de ce paysage, qui ressemble à un tableau de Troyon *réalisé*, est l'arbre de Robinson. Figurez-vous le doyen des chênes d'alentour, dont le tronc ridé supporte une salle à manger aérienne. On y va généralement deux, — comme au bois de Bagneux, — mener une vie d'oiseau amoureux, à cela près qu'on y boit beaucoup de champagne. L'hiver venu, adieu l'arbre de Robinson. Mais, par bonheur, M. Offenbach commanda à M. Cambon une toile qui représentait le chêne hospitalier à l'état verdoyant. Quand le décor fut achevé, on y installa une petite pièce qui ne manquait pas d'entrain, et c'est ainsi que les parisiens ne perdirent pas de vue un

lieu de bombance, où cette fois ils retournèrent...
en peinture.

Les Deux Pêcheurs, paroles de MM. Dupeuty
et Bourget, musique de M. Offenbach (13 novembre).
— L'intention de donner le pendant des *Deux Aveugles* était là très-clairement accusée ; mais le public
ne jugea point que l'intention dût être réputée pour
le fait.

Les Petits Prodiges, paroles de MM. Jaime fils
et Trefeu, musique de MM. Jonas et Offenbach
(19 novembre). — On eût dit une crèche, un cours
d'A B C, un carnaval de moutards. Ils étaient là une
vingtaine, déguisés en *bébés* et se livrant à des cabrioles désordonnées, exécutant un charivari à égayer
un hospice de sourds et muets. Après plusieurs
scènes d'une extravagance vraiment risible, commençait un concert instrumental dont les parties
étaient exécutées *réellement* par plusieurs artistes
de la troupe, les autres jouant du mirliton, qui est
un instrument à la portée de tout le monde.

Léonce tenait la partie de violoncelle.

Tayau exécutait des variations excentriques sur le violon.

Mlle Maréchal jouait du piano.

Guyot du cornet à piston.

Et Désiré soufflait dans un basson; or, cet instrument lui fut jadis familier, et la façon dont il en jouait lui valu même un prix au Conservatoire. La première fois que Désiré voulut faire profiter le public de son talent ce fut un jour de grande revue, comme musicien de la garde nationale. — Le moment est venu de faire honneur au Conservatoire, et Désiré attaque avec conviction un solo pathétique... Mais — « Oh ! la, la ! » — notre virtuose avait voulu faire petit pied, et les bottes trop exiguës qu'il avait chaussées lui causèrent une douleur telle que le solo en prit une teinte mélancolique ; jamais, de mémoire de basson, notes plus plaintives ne s'étaient fait entendre. L'assistance, émue, pleurait comme au quatrième acte de *la Reine Margot*, quand Lamole et Coconas endurent le supplice du brodequin. Désiré, lui, était pressé d'en finir, et le chef de musique avait toutes les peines du monde à l'empêcher d'accélérer la mesure ; en pareil cas, les *adagio* deviennent facilement des *presto vivace*.

Arrivé à la fin du morceau, — tout passe en ce monde ! — le malheureux supplicié s'empressa de quitter les rangs pour aller... se mettre à son aise, et il dut rentrer chez lui son instrument sous un bras et ses bottes sous l'autre. L'aventure fit quelque bruit.

Mais nous voilà loin des Bouffes ; empressons-nous d'y rentrer pour écouter le festival des *Petits prodiges*.

Le thème donné était celui du *Carnaval de Venise* dont on se renvoyait les variations burlesques entremêlées de reprises par le chœur des mirlitons. Puis venait *la Basse-cour* grande valse imitative avec aboiements, miaulements, et cris d'oiseaux effarouchés.

Le concert fini, Léonce tirait gravement un bouquet de sa poche, le jetait en l'air, le recevait et saluait le public.

BRUSCHINO, paroles de M. Deforges, musique de Rossini (28 décembre). — Ce n'était plus l'opérette que l'on jouait aux Bouffes ; c'était déjà l'opéra-comique. L'opérette fécondée par le succès, nourrie de bravos, avait grandi soudain et arrivait, en quelque sorte à l'état adulte. Pourtant, malgré ses airs de grand enfant, elle avait conservé certaines habitudes d'espièglerie ; elle jouissait encore du droit de fantaisie. Ainsi quand on exécute l'ouverture de *Bruschino* il arrive qu'à un certain passage les violons cessent de jouer et se mettent à frapper de l'archet sur les plaques de fer-blanc qui servent de reflecteur aux bougies des pupitres. (!)

Qu'est cela, s'il vous plaît? et pourquoi ce bruit à propos de musique?... Voilà parbleu une singulière manière d'exécuter une symphonie et il faut croire qu'on est allé recruter ces messieurs de l'orchestre à Bicètre ou à Charenton !

Eh! non! rien de tout cela! Il ne s'agit ici ni de tic nerveux ni d'attaque d'épilepsie, mais bien d'une tradition burlesque qui remonte à la jeunesse de Rossini, jeunesse pleine de fioritures comme une cavatine du *Barbier* et menée à grandes guides à travers l'Italie folle de mélodie.

C'était au carnaval de 1812. Rossini venait d'arriver à Venise où l'impresario du théâtre San-Mosé l'avait attiré par la double promesse d'un libretto à musiquer et d'une somme de quarante sequins environ pour prix d'une partition à livrer de suite.

La querelle des musiciens et des paroliers ne date point d'hier, comme vous l'allez voir, non plus que celles des sculpteurs et des pratitiens, des dessinateurs sur bois et des graveurs.

Pour dire vrai, le libretto de *la Scala di seta* (l'Échelle de soie) était pitoyable de tout point et Rossini crut devoir le refuser. Grande colère de l'impresario qui n'en voulut point démordre et qui, par tous les moyens de droit, força bel et bien mon dit compositeur à s'inspirer d'une pareille ineptie. Il fallut en passer par là ; mais notre maestro, qui n'avait pas son pareil en l'art des mystifications, imagina de se venger bruyamment du directeur trop ténace en introduisant dans son ouverture le charivari que l'on sait. Pendant que les violons de l'orchestre faisaient gémir sous leurs archets les abat-jour en fer-blanc, lui, Rossini, assis gravement au piano d'accompagnement, improvisait des arpéges désordonnées, frappait des accords insensés alternativement avec le coude et le genou.

On murmura au parterre, puis on grinça, puis on hurla et, si le malicieux compositeur n'avait fui prestement, on allait — suivant l'expression consacrée — lui verser sur la tête des pots de fleurs où il n'y avait point de fleurs.

Il faut vraiment entendre bourdonner dans sa tête les mélodies à venir de *Sémiramide* et de *Guillaume Tell* pour se permettre de jouer pareil jeu quand on a le parterre pour adversaire et être déjà riche de parties gagnées pour écarter ainsi les atouts de gaieté de cœur.

La partition de *Bruschino*, comme une mosaïque de pierres précieuses, a été faite avec différents morceaux choisis dans les œuvres de jeunesse de Rossini. L'ouverture de *la Scala di seta* y figure en première ligne, et on n'a eu garde de supprimer les coups d'archet traditionnels. C'était justice ; car il ne faut rien perdre de ce qui vient des grands hommes.

1858

Simone, paroles de M. de Leris, musique de
M. de Laforesterie (16 janvier). — Quoique appa-
renté à une famille française, M. de Laforesterie
est sujet de l'empire d'Haïti. Ce compositeur, qui
est venu en France apprendre, sous Adolphe Adam,
les principes de son art, a cela de particulier qu'il
est le seul d'entre ses compatriotes qui se soit livré
à l'étude de la musique. La mission de M. de Laforesterie serait, selon nous, d'illustrer le règne de

l'empereur Geffrard en allant fonder dans son pays une institution lyrique quelconque (un conservatoire élémentaire, par exemple, ou bien un théâtre à l'état d'embryon...) en un mot de porter à ses concitoyens le royal cadeau de nos mélodies européennes. Et, — nous le disons très-sérieusement — ce projet nébuleux encore, et qu'assurément nous esquissons trop légèrement, paraît-il donc si insensé quand on pense à ce qu'était chez nous la musique avant que l'abbé Perrin et plus tard Lulli ne fondassent l'Opéra pour ajouter une gloire de plus aux gloires de notre grand siècle?

MADEMOISELLE JEANNE, paroles de M. de Najac, musique de M. Léonce Cohen (17 février). — Si cette paysannerie se fût intitulée *Mademoiselle Jeanne* ou *le bonheur de vivre aux champs*, un pareil sous-titre n'eût pas été plus... Berquin que la pièce elle-même et en aurait dévoilé — en peu de mots — toutes les naïves ficelles. Comme cela eût dispensé de la jouer!... — Mlle Chabert, premier prix du Conservatoire, a débuté dans cet ouvrage.

MONSIEUR DE CHIMPANZÉ, paroles de M. Jules Verne, musique de M. Aristide Hignard (17 février). — Quand on afficha *le Moineau de Lesbie* à la Comédie-Française, un Calino avait demandé : « Mais qui donc jouera le rôle du moineau?... » Pour prévenir le retour d'une semblable naïveté, M. Offenbach a spécifié sur son affiche que Tayau serait chargé de remplir le rôle du singe. L'équivoque était donc impossible. (D'ailleurs, s'il eût fallu se procurer un véritable chimpanzé et le pensionner pour lui faire apprendre la comédie dans la classe de M. Samson, c'eût été une source de dépenses ruineuses pour l'administration.) Je parierais que pour jouer son personnage cabriolant et grimacier, M. Tayau était allé méditer profondément devant une certaine cage du Jardin-des-Plantes, qui pourrait passer pour le Conservatoire de la mimique. C'est égal, M. Tayau a étudié avec plus de soin le violon que le gymnase, et nous lui savons gré de cette préférence.

MESDAMES DE LA HALLE, paroles de M. Armand Lapointe, musique de M. Offenbach (3 mars). —

C'était la première fois que l'on entendait des chœurs aux Bouffes ; pour la première fois aussi, plus de cinq personnages paraissaient à la fois sur le théâtre de M. Offenbach. La représentation de cet ouvrage était donc l'inauguration d'un privilége plus étendu. Pour fêter dignement cette ère nouvelle, l'administration s'était mise en frais d'un des décors les mieux réussis qu'ait peint M. Cambon. La carotte et le chou-fleur s'y étalaient en pyramides triomphantes. De sa lumineuse palette, le peintre aimé avait tiré les plus appétissantes couleurs et fait surgir, jardinier heureux, les mille variétés de la plante maraîchère. Tout cela était d'une vérité d'aspect et de ton à faire venir l'eau à la bouche ; on y eût touché du doigt et de la dent... on en eût mangé! La toile de M. Cambon représentait le marché des Innocents (bien avant les halles centrales). Au milieu de cette vaste macédoine de légumes et de poissons trônait, toute ruisselante, la célèbre fontaine de Pierre Lescot et Jean Goujon. Pour plus de vérité historique, on l'avait représentée dans sa disposition primitive, bien différente de celle d'aujourd'hui.

C'était là, sur une étendue superficielle de cinq mètres carrés, peut-être, entre une botte d'asperges et un baril de sardines à l'huile (peintes à l'huile, je veux dire), que se passaient d'étranges aventures. On y voyait un tambour-major amoureux de trois poissardes, et trois poissardes follement éprises d'un marmiton, lequel avait trois fois la vertu de Joseph en face de ces trois Putiphar. Cette trilogie extravagante et démesurément grotesque, était terminée au cri de *Vive mesdames de la halle!* refrain vivement coloré et d'une allure digne de la vieille muse française.

Quand la princesse de Leuchtenberg est venue passer la soirée du 28 novembre 1859 au théâtre des Bouffes, elle a désiré qu'on jouât pour elle *Mesdames de la halle.*

MAITRE BATON, paroles de M. Bercioux, musique de M. Dufrêne (31 mars). — Libretto pâle et suranné ; musique moins originale que purement écrite.

LA CHARMEUSE, paroles de M. Édouard Fournier, musique de M. Caspers (12 avril). — Cette paysannerie ayant été le plus souvent jouée en « lever de rideau », l'attention que nous avons pu mettre à l'écouter a été troublée par des bruits de portes qu'on fermait, de petits bancs que les ouvreuses remuaient, de robes crinolinées jusqu'à la démence et qui faisaient crier leur soie en voulant·passer à tout prix à travers un dédale de fauteuils déjà habités.

LA CHATTE MÉTAMORPHOSÉE EN FEMME, paroles de MM. Scribe et Melesville, musique de M. Offenbach (19 avril). — Il était une fois un vieux vaudeville, mais là un de ces vaudevilles cassés, éreintés, usés jusqu'à la... ficelle. C'était une de ces antiques farces écrites dans une langue comique incomprise aujourd'hui et qui se refusent à toute tentative de rajeunissement; c'est comme si l'on voulait faire danser à un invalide boiteux les gavottes qu'il dansait si bien. Bref la chose avait nom comme ci-dessus et les habitués du *Théâtre de Madame* s'en étaient délectés quelque trente ou quarante ans avant que M. Offenbach n'imaginât d'y trouver matière à libretto. A vrai dire, sa musique fut comptée comme une compensation aux lazzis démodés de la pièce. Nous nous rappelons encore l'ouverture, petit morceau symphonique des plus séduisants ; les violons y avaient des effets de sourdine tout à fait réussis. Et puis (autre dédommagement) Mlle Tautin était de la partie et se démenait de la jolie façon. Figurez-vous, monsieur, qu'il y avait là une chatte à qui il suffisait de donner un coup de baguette pour qu'elle se changeât en Mlle Tautin. Cette faculté particulière constitue dans le genre *felis* une espèce bien caractérisée et des plus rares, les animaux du même pelage prenant généralement la fuite quand on leur donne un coup de baguette, voire même de gourdin. Et Buffon qui n'a rien dit de cette intéressante variété !

ORPHÉE AUX ENFERS, opéra bouffon en deux actes et quatre tableaux ; paroles de M. Hector Crémieux, musique de M. Offenbach (21 octobre).— Saluez, s'il vous plaît un des plus étonnants succès qui se soient vus à Paris depuis longtemps. O la bonne plaisanterie ! la burlesque odyssée ! La parodie en délire, la charge épileptique ont-elles jamais atteint ces limites insensées qu'on peut appeler le sublime de l'absurde ! Un esprit chagrin a pourtant dit quelque part que la gaieté française était morte ! Morte de quoi ? Monsieur le philosophe, peut-être de vos sermons pédantesques et grondeurs. Et le plus triste de ceci c'est qu'un troupeau de mélancoliques ergoteurs a été répéter aux quatre coins du monde qu'en France il n'y avait plus de gaieté. N'est-ce donc rien que ce courant irrésistible, magique en quelque sorte, qui pendant sept mois et plus a entraîné une partie de Paris au théâtre de la rue Monsigny ? Là on donnait à rire et la foule est accourue ; ce fait n'a-t-il pas sa signification ?

La gaieté de ce public si sensible aux lazzis et qu'un calembour fait bondir commençait à l'entrée de Léonce et ne finissait qu'au ballet infernal du dernier tableau. On se plaisait à voir ainsi les dieux de l'Olympe en habits de mardi gras parler la langue des vaudevillistes qui font réveillon.

Les scènes les plus formidables de saugrenuité et aussi les plus applaudies étaient :

La scène où Pluton, venu sur la terre déguisé en

berger d'Arcadie, enlevait Eurydice et s'en retour-
nait chez lui par l'omnibus de la barrière d'Enfer ;
celle où Jupiter, jaloux du bonheur de Pluton le ci-
tait à la barre de son tribunal pour rendre compte
de son escapade terrestre (Pluton arrivait suivi d'une
hure de sanglier comme *en-cas* gastronomique) ;
celle encore où le maître des enfers se faisait servir
par John Styx, un ex-roi de Béotie dont l'ombre
était réduite à l'état de domesticité. Le dernier tableau était des plus brillants ; il représentait l'enfer
mythologique sous ses plus vives couleurs ; c'étaient
des palais, des arceaux, des portiques dont les per-
spectives vertigineuses allaient se perdre dans une
mer de lave embrasée. Au premier plan une table était
chargée de mets fabuleux et de liqueurs ardentes.
Pluton traitait Jupiter et les dieux de son Olympe,
lesquels blasés sur l'ambroisie, vidaient avec curiosité des flacons d'essence de feu. On était gris et
l'on chantait... puis on était ivre et l'on dansait...
tout tournait, tout flambait, c'était une orgie ho-
mérique donnée dans des palais babyloniens.

M. Offenbach avait écrit pour cette pompeuse
folie une de ses partitions les plus chantantes. Les

orgues de la rue se *débarbariseront* longtemps en
redisant les cantilènes d'*Orphée aux enfers*. La
jolie introduction! et les jolis couplets que chantait
le berger Aristée! Aimez-vous aussi le concertino
que jouait M. Tayau sur le violon et dont la reprise
se transformait en duo avec Mlle Tautin? Que pen-
sez-vous de la *marche des dieux* qui terminait le
premier acte? Était-ce assez mouvementé?... Et des
couplets du roi de Béotie? et du *duo de la mou-
che?* et de l'*Hymne à Bacchus?* Ce dernier morceau était vraiment d'une facture magistrale ; la
mélodie s'y cabrait fièrement soutenue par une har-
monie puissante et large ; cela avait grande tournure ; c'était quelque chose de simple, de net et
tout à la fois d'imposant. Quant au divertissement
final, il commençait par un menuet, qu'on eût dit
composé à l'époque galante de la Sallé et de la
Guimard et se terminait par un galop effréné; il
s'y donnait des coups de talon à faire prendre feu au
parquet.

Vous souvient-il du fameux coup de pied que
lançait Mlle Tautin aux environs du nez de Désiré?
Cette gambade fit beaucoup d'argent. Mais il est

arrivé qu'une certaine demoiselle — dont le nom
commence comme le terme d'argot *rigoler*, et rime
avec *bamboche* — a perfectionné de quelques cen-
timètres en hauteur l'art d'inquiéter la figure de
son vis-à-vis.. — à quoi tient la renommée ! —
l'ingrat public a aussitôt changé d'idole. Tel on vit
autrefois l'*ut* célèbre de Duprez être éclipsé par l'*ut*
dièse de Tamberlick.

A en juger par la première représentation, *Orphée*
ne semblait pas devoir fournir une carrière de plus
de quatre-vingts soirées ; mais petit à petit, au moyen
de coupures intelligentes et grâce aux improvisations
souvent heureuses de Léonce (Pluton) et de Désiré
(Jupiter), la pièce atteignit bientôt à un comique
inespéré et n'eut jamais tant de succès que le jour où
on l'interrompit pour cause de fatigue des artistes.

Tayau remplissait le rôle d'Orphée (professeur
de violon et directeur de... l'Orphéon).

Bache, pour ses débuts jouait celui du roi de
Béotie (grand succès).

Mlle Tautin, celui d'Eurydice.

Mlle Garnier, celui de Vénus (Virginie Vénus,
comme disait Ernest Baron de Jupiter !)

Mlle Maréchal, celui d'Amphitrite.

Mlle Chabert, celui de Diane.

Mlle Cicco, celui de Minerve.

Mlle Enjalbert, celui de Junon.

Mlle Guffroy, celui de Cupidon.

Les costumes avaient été dessinés par MM. Gustave Doré et Stop, les décors brossés par MM. Cambon et Thierry !

Orphée a eu 227 représentations consécutives ! M. Offenbach n'aurait pas changé sa pièce contre un hectare de terre en Californie.

Le plus curieux de l'affaire, c'est que le succès d'*Orphée aux enfers* fut long à se décider, et sa période la plus florissante ne commence guère qu'à la quatre-vingtième représentation. A partir de ce jour et jusqu'à la cent quatre-vingtième, la recette quotidienne a presque toujours atteint son chiffre maximum.

Le 4 mars 1859, elle était de	2,175 fr.	50 c.
Le 5 id.	2,259	50
Le 6 id.	2,240	50
Le 7 id.	2,306	50
Le 8 (mardi gras)	2,386	50

Ce dernier chiffre représente la recette la plus forte qu'on ait jamais encaissée aux Bouffes.

Le mois de mars de 1859 a, du reste, produit au théâtre la somme de 62,003 fr. 10 c., ce qui donne une moyenne de 2,000 fr. 10 c. par soirée.

Le 5 juin de la même année, jour où l'on dut cesser de jouer *Orphée*, parce que les acteurs, qui n'avaient pu fatiguer le public, étaient eux-mêmes exténués, ce jour-là, disons-nous, la recette était encore de 1,071 fr.

1859

FRASQUITA, paroles de M. Tranchant, musique de M. Laurent de Rillé (3 mars). — M. Laurent de Rillé a eu le rare bonheur de trouver et de mettre en circulation un refrain qui, pour le rhythme enjoué et naïf tout à la fois, ne le cède en rien aux pont-neufs, complaintes et autres chansons tabariniques et burlesques, filles terribles de l'ancienne muse française. *Le Sire de Framboisy* eut un succès dont les oreilles nous tintent encore.

Il faut compter aussi que M. Laurent de Rillé est un des plus ardents propagateurs des doctrines orphéoniques, et qu'il a donné nombre d'opérettes aux Folies-Nouvelles.

Mesdames de Cœur-Volant, paroles de MM. Bourdois et Lapointe, musique de M. Erlanger (16 avril). —Vaudeville turbulent et mené à grandes guides par MM. Desmonts et Marchand (pour leurs débuts).

L'Omelette a la Follembuche, paroles de MM. Marc Michel et Labiche, musique de M. Delibes (8 juin). — « Vous prenez des œufs, vous les cassez avec précaution, et... » — Si c'est ainsi qu'on s'y prend pour confectionner une *Omelette à la Follembuche*, il n'y a pas de quoi crier au miracle, ni tant faire de gorges-chaudes à propos d'une prétendue découverte qui n'est rien moins que du domaine de la vulgarité. — Patience, je vous attends au dénoûment de l'opération.

Mais procédons par ordre.

Vous plaît-il qu'avant de mettre en lumière la précieuse recette, nous en fassions quelque peu l'historique? Nous suivrons, si vous l'avez pour agréable, la version accréditée aux Bouffes-Parisiens et qui nous paraît être tout à la fois la plus authentique et la plus divertissante.

Un jour — je vous parle de longtemps — un certain marquis de Criquebœuf mariait son unique rejeton, le jeune damoiseau Pertuisan de Criquebœuf à la nièce de très-haute et très-puissante dame de Follembuche et autres lieux. Ce jour-là, jour de liesse et de gala, on voulut célébrer royalement une alliance aussi considérable. Il y allait de l'honneur de la maison de Criquebœuf. Aussi, major-domes, valets et gens de service du château étaient-ils partis de grand matin pour aller quérir à la ville les victuailles du festin nuptial. Ce que voyant, un parti de mousquetaires escalada les fenêtres de l'antique manoir et commença à piller les caves et les cuisines au nez et à la barbe du marquis de Criquebœuf, qui en conçut une colère notable.

« — Tout beau, messieurs les pendards !... qu'on sorte de céans ou prenez souci de la vieille épée des Criquebœuf qui pourrait briller une fois encore.

» — Pardon, dit le capitaine de Givrac que son amour pour Berthe de Follembuche autant que la

faim de ses mousquetaires a jeté dans cette folle
équipée — pardon, monsieur, mais nous préparons
le repas du roi qui chasse dans la forêt voisine et
que vous allez avoir l'honneur de recevoir à votre
table. »

La ruse du capitaine réussit à merveille. A ce
mot du roi tout tremble, tout s'émeut. Les Criquebœuf
et les Follembuche oubliant leurs manchettes brodées,
confectionnent de leurs mains une omelette monstre.
C'était, du reste, le seul plat possible, domestiques
et provisions manquant totalement au château.

Pourtant il revient aux oreilles du marquis que
le capitaine s'est joué de lui. Alors chacun d'intro-
duire dans la poêle des ingrédients insolites et d'une
fantaisie imprévue. Celui-ci y verse le contenu de
sa tabatière, celui-là imagine de la saturer de poivre ;
un autre se sert de l'omelette en guise d'éponge à
nettoyer le pavé ; (!)... elle sera toujours assez bonne
pour ces damnés mousquetaires !

On sert chaud.

Mais il advient que — ô hasard ! — le roi, le
véritable roi arrive réellement au château. Déjà il
est à table et fait face à l'omelette prodigieuse, in-

sensée, inénarrable qu'on a cru servir à Givrac et à ses mousquetaires. La stupeur s'empare de tous, et il pourrait bien se faire que la Bastille fût le prix de ce méfait.

Heureusement qu'avant que le premier coup de dent royale ne fût donné, les gens du château avaient eu le temps de revenir de la ville avec force comestibles et gourmandises délectables qu'on s'empressa de servir à la place de la fabuleuse omelette.

Criquebœuf en fut quitte pour la peur et pour une belle-fille, car Berthe, qui aimait Givrac, profita du conflit pour rompre ses engagements avec ce grand nigaud de Pertuisan.

En résumé, la RECETTE DE L'OMELETTE A LA FOLLEMBUCHE est d'une simplicité qui la met à la portée de tout le monde : vous ferez d'abord une omelette vulgaire ; puis, au moment de la servir, vous y ajouterez... tout ce qu'il vous plaira.

La musique de M. Delibes était légère, bien rhythmée, et avait ce cachet de belle humeur qui convient à pareille littérature. Un joli trio et une ronde originale étaient particulièrement applaudis.

L'Ile d'Amour, paroles de M. Dulocle, musique de M. Delehelle (8 juin). — Petit acte d'une gaieté modérée, type du *lever de rideau*.

Cette pièce a été donnée avec *l'Omelette à la Follembuche*, pour l'ouverture de la salle des Champs-Élysées (saison de 1859).

Le Mari a la porte, paroles de MM. Delacour et Léon Maurant, musique dé M. Offenbach (22 juin). — Joli vaudeville qui n'eût point déparé le répertoire de l'ancien Gymnase, et qui a tenu l'affiche pendant une partie de l'été de 1859. Les concerts Musard, pour contre-balancer le succès de leurs voisins les Bouffes, ont employé un excellent moyen; ils ont joué sous toutes les formes les mélodies du *Mari à la porte*. Nous nous rappelons entre autres choses agréables la tyrolienne de Mlle Tautin, qu'on avait convertie en valse.

Les Vivandières de la Grande Armée, paroles de MM. Deforges et Jaime fils, musique de M. Offenbach (6 juillet). — C'était un à-propos improvisé à l'occasion de notre campagne d'Italie. Le principal charme de cette bluette résidait dans les costumes

dont on avait affublé le personnel féminin que vous
savez. Les cantinières des zouaves s'y donnaient la
main avec celles des bersaglieri, et ce colloque de
turbans et de chapeaux emplumés était pour l'œil
d'un effet très-satisfaisant. De tout temps il s'est
trouvé pour fabriquer des pièces de circonstance, des
gens dont le dévouement littéraire va jusqu'à l'oubli
même de toute littérature. Quand une grande idée
circule dans l'air, quand tous les esprits sont atteints
de la fièvre de la curiosité, quand tous les yeux sont
tournés vers les horizons du *Moniteur*, épiant l'ap-
parition de quelque grand événement, il importe
bien alors qu'une action dramatique sagement étu-
diée vous vienne émerveiller par la savante mise en
scène des passions et la logique des situations qu'elle
fait naître. A quoi bon, je vous prie, s'épuiser à
chercher la rime opulente? A-t-on le temps d'arron-
dir ses périodes et de pourlécher sa phrase, quand
le costumier, qui vous attend, est là, ciseaux en
main, prêt à découper des kilomètres de drap ga-
rance? Votre prose manque-t-elle de bon sens?
votre vers est-il boiteux? qu'importe; tout cela est
de mise dans l'occurrence. Et puis, le public ose--

rait-il siffler?... l'intention des auteurs est si bonne, si bien marquée au coin du patriotisme !

Donc, foin d'Aristote! foin de « docte cabale!» plus de classiques, plus de romantiques! l'art fait trêve, et le métier, qui usurpe sa place, triomphe sur toute la ligne.

C'est ainsi qu'il est procédé à la confection des pièces de circonstance. En général, toutes réussissent, toutes sont acceptées comme des vignettes vivantes qui viennent compléter les récits des journaux. La foule applaudit à outrance, et pendant ce temps-là, quelques amateurs, au goût plus délicat, méditent dans leur coin sur l'abus des licences en matière d'art.

Le fait est que souvent, en de pareilles circonstances, les lois du bon sens ont été outrageusement violées, et que parfois quand le drame simulé a voulu représenter le drame réel, il en a diminué le prestige à force de gaucherie et de faux enthousiasme. Plus d'esprit, quelque peu d'invention et de style ne gâteraient rien à l'affaire.

Les spécialistes du genre, qui forment presque une classe à part dans la grande famille des auteurs dramatiques, se distinguent par la facilité supérieure avec laquelle ils savent spéculer sur l'événement du jour et faire déteindre ses couleurs caractéristiques sur les pages hâtives qu'ils font métier d'improviser en une nuit. Gens bien avisés, vous les voyez profiter du facile et trop juste enthousiasme que sollicitent les idées de patrie, de drapeau, d'honneur, de victoire, et faire éclater cette pompeuse artillerie de mots dont ils compromettent souvent le sens héroïque.

Il faut pourtant rendre cette justice à ces messieurs qu'ils sont passés maîtres en l'art de composer les tableaux vivants et de grouper leurs héros de façon que le manteau rouge de celui-ci ressorte sur la veste bleue de celui-là.

Tout pour l'œil ! telle est la devise de ces *littérateurs*, dont bon nombre étaient nés avec le génie du panorama et qui, si on les y encourageait un peu, montreraient la lanterne magique avec succès.

LE FAUTEUIL DE MON ONCLE, paroles de M. René de Rovigo, musique de Mlle Collinet (7 septembre).

— Prose mi-sentimentale, mi-fantastique. La musique de Mlle Collinet ne manquait pas de qualités mélodiques, outre qu'elle était correctement écrite. Le *duo du thé* et la *chanson du boxeur* plaisaient par leur rhythme très-franc. Mlle Collinet est la fille de ce virtuose qui fit pâmer d'aise toute la génération passée en *rossignolant* sur le flageolet avec une vitesse de quinze mille notes à l'heure. Aujourd'hui il n'y a plus de flageolets comme cela... mais nous avons Mme Cabel !

DANS LA RUE, paroles de MM. Alexandre de Bar et Léonce (des Bouffes), musique de M. Caspers (7 septembre). — L'*Orphée* de Gluck ne comporte pas un seul rôle d'homme; en revanche l'opérette de M. de Bar se passe absolument de femmes. Il y est bien question d'une certaine Alphonsine que poursuivent à la fois l'herboriste Doucinot et le bonnetier Bellavoir; à chaque scène on croit la voir paraître... mais non, Alphonsine est un mythe, une chimère, un rêve bleu, un personnage condamné à la cantonade perpétuelle.

Cette pochade eut un grand succès de rire. On ne

se figure pas comme l'intrigue qui y était menée donnait les émotions d'un steeple-chase ; cette ressemblance aura peut-être même échappé aux auteurs. Ainsi le *turf* était la rue, le *point de départ* le bal de M. Cherbichon, le *point d'arrivée* la maison n°. 36 de la rue Saint-Lazarre, *le prix* à gagner Alphonsine, *l'obstacle* à franchir l'invalide qui gardait l'immeuble en construction où la perfide coquette avait donné rendez-vous aux deux rivaux, lesquels jouaient le rôle de *chevaux* dans cette course folle. L'un Bellavoir, ruait, piaffait, s'emportait et manquait le but par trop d'ardeur. L'autre, Douçinot, n'y arrivait pas davantage pour être trop poltron ; il se *dérobait*, comme on dit à la Marche et à Chantilly.

Maintenant un mot sur les auteurs :

M. Léonce est l'artiste aimé qui depuis quatre ans passés fait les beaux jours des Bouffes dont il a sensiblement élevé le diapason comique ; c'est le Muller de l'*Opéra aux fenêtres*, le Dujargon des *Petits prodiges*, le Pluton d'*Orphée aux enfers* et le Sifroid de *Geneviève de Brabant*.—M. Alexandre de Bar, lui, est ce paysagiste dont le *Monde illustré*

et le *Magasin pittoresque* comptent déjà les des-
sins par centaines ; sa *Vue des Pyramides* qu'il a
exposée au salon de 1859 était inondée de soleil au
point qu'on mettait des lunettes bleues pour la re-
garder.

LA VEUVE GRAPIN, paroles de M. Deforges, musique de M. de Flottow (21 septembre). — Musique
agréable de l'auteur de *Marta* et de *l'Ame en peine*.

LE MAJOR SCHLAGMANN, paroles de M. Vernier,
musique de M. Fétis fils (19 octobre). — C'était
l'œuvre de début de M. Fétis , le fils du célèbre
directeur du conservatoire de Bruxelles. Dès les premières mesures de l'ouverture (qui était du reste le
meilleur morceau de la partition), on avait senti
toute la valeur des études musicales de l'auteur. Il
est donc constaté — et le contraire nous eût étonné
— que M. Fétis fils *sait son affaire*, comme on
dit en terme de métier. Il lui reste à prouver que
la science n'est chez lui que l'auxiliaire de l'imagination.

LA POLKA DES SABOTS, paroles de MM. Dupeuty

et Bourget, musique de M. Varney (28 octobre). —
Toute la pièce se résume en cette question : lequel
est préférable de porter des sabots ou des souliers?
Doucette, qui, en pareil matière, n'a pas d'opinions
aussi arrêtées que les vôtres, lecteur parisien, hésite
longtemps devant ce point d'interrogation qui lui
semble des plus crochus. Le cas est grave, en effet,
et il y va de son bonheur ; car si elle se décide
pour les sabots elle épousera Rougeaud qui en fa-
brique par douzaines ; si, au contraire, elle opte
pour les souliers, elle sera la femme du cordonnier
Belœillet. Enfin, elle devient Mme Rougeaud pour
prouver que le sabot est l'idéal de la chaussure.

M. Varney, qui dirige l'orchestre des Bouffes avec
tant d'autorité et de savoir, a adapté à cette fantaisie
rurale plusieurs morceaux qui se recommandent par
la franchise de leur allure mélodique. On sait que
M. Varney n'en est pas à son coup d'essai ; il a
déjà donné *le Moulin joli* et *l'Opéra au camp.*
Dans ce dernier ouvrage, représenté il y a quelques
années à l'Opéra-Comique, Mme Andréa Favel jouait
le rôle de Mme Favart. Ce fut une de ses dernières
créations.

GENEVIÈVE DE BRABANT, opéra-bouffon en deux actes et six tableaux, de MM. Trefeu et Jaime fils, musique de M. Offenbach (19 novembre). — Il s'agissait—excusez du peu !—de trouver le pendant d'*Orphée aux enfers*, dont le succès miraculeux fut chiffré par deux cents vingt-sept représentations consécutives. Ce n'était pas là une mince ambition ; aussi, M. Offenbach avait-il mis tout son monde sur pied. Les habitants de la rue Monsigny — côté impair — pouvaient sans quitter leur pantoufles, juger de l'activité qui régnait au théâtre. Il ne fallait pour cela que plonger du regard au travers de ses murs presque transparents à force de fenêtres.

Là, c'était le coffre fort aux grosses recettes que l'on ouvrait à deux battants, de l'autre côté de la façade, un homme qui semblait prisonnier dans une espèce de cellule travaillait sans trêve ni merci à copier et collectionner des parties d'orchestre. Plus haut c'était l'atelier du costumier tout ruisselant d'étoffes chatoyantes. A la porte veillait un cerbère qu'on eût pris à son képi et à sa tunique pour un lycéen dans sa vingtième année de rhétorique. Cet impassible gardien de la porte, — à qui il faudrait offrir par souscription une hallebarde d'honneur, — avait peine à surveiller le va-et-vient frénétique des artistes, des régisseurs, des machinistes et des habilleuses qui entraient et sortaient avec une agitation voisine de l'effarement.

Ce n'était plus un théâtre, mais une ruche, et, pour compléter l'illusion, il s'en échappait de temps à autre comme des bourdonnements. C'étaient des voix confuses et encore mal disciplinées qui répétaient au son d'une chanterelle obstinée :

O seigneur Public! que d'efforts pour contenter tes insatiables appétits!

De tout cela il est advenu que *Geneviève* reste sensiblement inférieure à *Orphée*. Il y avait des remaniements à faire dans ce fouillis de scènes mal cousues, il eût fallu ôter ceci, remettre cela, racourcir ce dialogue, développer cette idée... que sais-je? *être drôle*, enfin. Ce travail d'émondage nous paraissait si urgent et nous le croyions si bien dans les intentions des auteurs le soir de la première représentation que nous nous serions porté garant du succès.

Le beau côté de la chose était le côté musical. Il y avait de la mélodie dans cette partition et cet avantage n'est point déjà si commun pour qu'on s'ôte le plaisir d'en signaler la bonne fortune. Les couplets de Mathieu Laensberg avaient très-bonne tournure ; ceux de Sifroid · *Une poule sur un mur...* étaient fort divertissants. Quant au final du premier acte, il était d'une allure excellente, le quatuor de chasse fut trouvé original, et la ronde de la bohémienne vous donnait le vertige : celui qui dans un bal travesti s'empare de vous au moment où — après le punch — vous voyez grouiller la mascarade en un tourbillon semblable aux rosaces de la fantasmagorie.

Léonce remplissait le rôle de Sifroid ;

Désiré celui de Golo ;

Mlle Maréchal celui de Geneviève ;

Mlle Tautin en jouait cinq de caractères différents.

Quant à celui de la biche, il était tenu par un caniche au blanc pelage. Cette variété canine s'est acquis une grande réputation pour sa fidélité et son talent au jeu de dominos ; mais comme rien n'est

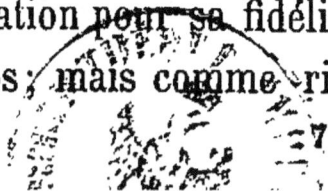

parfait en ce monde, il se trouve que le caniche manque essentiellement des qualités du comédien. Voyez plutôt celui des Bouffes qui, chaque soir, oubliant le rôle qu'on lui avait appris à grand renfort de morceaux de sucre, s'ingéniait à dévorer le souffleur. Nous avons été plusieurs fois témoin de cette scène, qui aurait pu devenir tragique. Peut-être l'animal avait-il quelque vengeance à assouvir, peut-être aussi son instinct stupide lui faisait-il voir dans l'honnête employé une sorte de gibier blotti dans son terrier. La passion de la chasse l'aura entraîné.

1860

Le Nouveau Pourceaugnac, paroles de MM. Scribe et Poirson, musique de M. A. Hignard (14 janvier). — Pour cette pièce, tirée de l'ancien répertoire Scribe et qu'on aurait pu jouer en habits modernes, l'administration a fait confectionner des costumes dans le goût *restauration* le plus pur. On a ri de cette exhibition, et il n'y a pas pourtant quarante ans que l'on prenait au sérieux de pareils accoutrements. — Oh! la mode! — Cela rappelle le mot de Hyacinthe du Palais-Royal, à qui l'on demandait où il dénichait les prodigieux chapeaux dont il s'affuble au théâtre.

— Hé! mon Dieu! c'est bien simple, répondit-il, je garde mes vieux.

CROQUIGNOLE XXXVI, paroles de MM. Deforges et Gastineau, musique de M. E. L'Épine (14 janvier).—Un margrave qui s'appelle Croquignole et qui est le trente-sixième du nom me plaît infiniment.

Cela a le ton de comique extravagant qui convient aux Bouffes-Parisiens. Mais dans quelle citadelle de pain d'épice, près de quelle forêt d'angélique et sur les bords de quel fleuve de limonade a donc régné l'altière dynastie des Croquignole?... Je consulterai Boissier et l'almanach de Gotha.

La musique de M. L'Épine a beaucoup d'entrain et surtout d'originalité. Sa ronde bretonne a un cachet de « bon vieux temps » qu'on ne saurait méconnaître. On la dit empruntée au répertoire populaire. Mais que nous importe? si elle n'en faisait partie hier, elle en sera demain.

M. L'Épine est secrétaire particulier de M. le comte de Morny.

M. DE BONNE-ÉTOILE, paroles de M. Gilles, musique de M. Delibes (4 février). — C'est M. Delibes, qu'on devrait appeler M. de Bonne-Étoile; car sa première partition fut exécutée avant qu'il n'eût ses vingt ans; en outre, il occupait déjà l'emploi d'accompagnateur au Théâtre-Lyrique.

LE CARNAVAL DES REVUES, revue de carnaval en deux actes et neuf tableaux, paroles de MM. Gilles et Grangé, musique de M. Offenbach (10 février). — Défions-nous de plus en plus des affiches de théâtre ! Elles ont fait de véritables progrès en rouerie.

La gaie corporation des vaudevillistes compte, en effet, plus d'un maître passé en l'art de rédiger ces étiquettes trompeuses et de les accommoder en manière de *tire-l'œil* irrésistibles.

C'est là une science à part et qui a ses spécialistes. Nous en pourrions citer d'habiles à composer un programme alléchant, qui y dépensent tout l'esprit qu'on voudrait voir dans leurs pièces.

Et ainsi, le meilleur du spectacle est souvent l'affiche; absolument comme il arrive qu'à la foire la parade donnée dehors les baraques est souvent plus divertissante que la représentation qui a lieu à l'intérieur.

Bien habiles sont donc ceux qui pénètrent les, secrets de ce sphynx dont le rébus quotidien s'étale devant les Œdipes de la rue.

Quant à nous, il faut bien le confesser, nous avons été pris le mieux du monde à ce titre : *Le Carnaval des Revues*. Nous nous étions figuré qu'il s'agissait d'une satire burlesque dirigée contre le genre de pièces annuellement en faveur dans les théâtres de vaudevilles.

Grande était notre erreur !

Nous avons bien vu défiler devant la rampe des Bouffes cinq ou six demoiselles en costume allégorique et qui ont voulu nous faire croire qu'elles symbolisaient la revue du Palais-Royal, celle des Variétés, et ainsi des autres jusqu'à celle du Théâtre-Déjazet. Chacune a chanté son petit couplet et, ce devoir accompli, il n'en a plus été question.

Le reste de la soirée a été employé à l'exhibition de huit scènes de revue encadrées dans huit décors, dont plusieurs peints par MM. Cambon et

Thierry sont des miracles de perspective et de couleur.

Tour à tour on nous a montré les petites boutiques du boulevard, une pagode chinoise envahie par les zouaves, le lac du bois de Boulogne et ses patineurs, l'exposition de peinture, les Champs-Élysées, les parodies de *la Tireuse de cartes*, du *Marchand de coco* et du *Duc Job*, enfin le ballet d'*Herculanum*.

Le tout était musiqué aux dépens du répertoire Offenbach. On y entendait tour à tour la chanson du *Violoneux*, la bourrée de *la Rose de Saint-Flour*, le boléro des *Deux Aveugles*, les airs de danse d'*Orphée aux enfers*, le finale de *Vent du soir*, la marche et les couplets du bébé de *Geneviève de Brabant*, le chœur de table de *Tromb-al-Kazar*, la valse du *Mari à la porte*, la ballade de *Croquefer*, les miaulements de *la Chatte métamorphosée en femme*... J'en passe et des meilleurs. C'était un véritable panorama de chansons, et si on nous eût consulté, nous eussions donné son vrai nom à cette parade carnavalesque en l'appelant LA REVUE DES BOUFFES.

Une scène excellente était celle où l'on parodiait la musique de M. Wagner, en reproduisant dans une symphonie drôlatique les enchaînements d'accords dissonants et les traits chromatiques dont on a reproché à l'auteur de *Tannhæuser* de faire un abus immodéré. C'était le côté vulnérable de la nouvelle école germanique, et c'est là aussi que la parodie a mordu à belles dents. Ce morceau était une caricature enluminée et où la verve comique ne faisait point défaut.

Pour combler la mesure du sarcasme, on l'avait fait suivre d'une *Tyrolienne de l'avenir!* qui était des plus réjouissantes. M. Bonnet y avait introduit des éternuements qui ne peuvent appartenir qu'à la langue des enrhumés de l'avenir.

Léonce remplissait les rôles de la duchesse de Chamellini et du Monsieur à la lorgnette.

Désiré, ceux de Mardi-Gras, de Sidi-Mouffetard, de Gemea et de Grétry.

Bonnet, celui du Compositeur de l'avenir.

Mlle Tautin, Constantine, Geneviève, la Bacchante, le Diapason et les Bouffes-Parisiens (personnage allégorique).

Mlle Chabert, une Chinoise, la Parodie, la Revue des Folies-Dramatiques.

Mlle Maréchal, une Marchande, Baïonnette.

Mlle Tostée, la Marchande de serins, Paola, une Chinoise.

Mlle Cico, la Revue des Variétés, Balaklava, la Pénélope normande,

TOTAL : Quatre-vingt-deux ouvrages représentés aux Bouffes-Parisiens, du 5 juillet 1855 au 10 février 1860, et ainsi répartis par années :

1855......................	15
1856......................	24
1857......................	19
1858......................	8
1859......................	12
1860......................	4

P. S. Pendant que ce volume était sous presse, on a donné aux Bouffes : *Daphnis et Chloé*, de M. Offenbach; *C'était moi!* de M. Debillemont, le *Petit Cousin*, de M. Gabrielli, le *Sou de Lise*, de Mme Caroline Blangy (lisez Mme de Gr.... .); *Titus*

et Bérénice de M. Gastinel (1er prix de Rome). Et l'administration ne s'en tiendra pas là ; on dit ses cartons plein jusqu'au couvercle de masse d'ouvrages qui seront représentés pendant que l'*Histoire des Bouffes-Parisiens* sera en cours de publication.

Or, voyez où nous entraînerait la promesse de rendre compte de ces opérettes futures. Ce serait d'abord préjuger de l'avenir et demander au public de nous encourager assez pour que besoin il y ait de faire paraître plusieurs éditions de cet opuscule ; autant vaudrait alors rédiger une préface dans le style d'usage. Et puis le répertoire des Bouffes-Parisiens grossissant toujours, les dimensions de ce petit volume grandiraient en proportion, ce qui occasionnerait des frais de reliure trop élevés, outre qu'il serait passablement ridicule, pour un sujet aussi léger, de rivaliser de format avec le *Dictionnaire de Bouilhet* ou l'*Almanach des* 25,000 *adresses*.

X

NOMS DES AUTEURS

DONT LES OUVRAGES ONT ÉTÉ REPRÉSENTÉS

AUX BOUFFES

(du 5 juillet 1855 au 10 février 1860)

~~~~~~~

PAROLIERS.

	Nombre d'ouvrages représentés
Adenis..........................	1
Battu...........................	5
Beauvallet (Léon)...............	1
Bercioux........................	2
Boisseaux.......................	1
Bourdois........................	2
Bourget.........................	4
Bresil..........................	2
Busnach.........................	1

Grangé............................... 1

Halévy (Ludovic)...................... 7

Jackson.............................. 1

Jaime fils........................... 8

Jautard.............................. 1

Julian............................... 1

Labiche.............................. 1

Lapointe (Armand).................... 1

Laurencin............................ 1

Lemonnier............................ 1

Léonce............................... 1

Mathieu.............................. 1

Maurant.............................. 1

Mélesville........................... 1

Méry................................. 2

Mestépès............................. 6

Michel............................... 1

Moineaux............................. 2

Placet............................... 2

Plouvier............................. 3

Poirson.............................. 1

Scribe............................... 2

Thys (Pauline)....................... 1

Tranchant............................ 1

Trefeu.................................. 4

Verne.................................. 1

Vernier................................ 1

MUSICIENS

Adam.................................. 1

Alary................................. 1

Amat.................................. 1

Bizet................................. 1

Blaquière............................. 1

Caspers............................... 2

Cohen (Léonce)........................ 1

Collinet (Mlle)............ 1

Costé................................. 1

Cottin................................ 1

De Corcy.............................. 1

De Flottow............................ 1

De La Foresterie...................... 1

Delehelle............................. 1

Delibes............................... 4

Destribaud............................ 1

D'Osmond.............................. 1

Dufrène............................... 2

Duprato	1
Erlanger	2
Fétis fils	1
Galibert	1
Gastinel	1
Hassenhut	1
Hecquet	1
Hignard	2
Jonas	4
Lange	4
Laurent de Rillé	1
Lecoq	1
L'Epine	2
Mozart	1
Offenbach	30
Ortolan	1
Pilati	1
Poise	1
Renaud de Vilbac	1
Rossini	1
Thys (Mlle)	1
Varney	1
Vogel	1

XI

LES PREMIÈRES REPRÉSENTATIONS

A Paris, il y a tout un monde qui compte au nombre de ses plaisirs les plus délicats celui d'assister aux premières représentations.

Il est bien entendu qu'il ne s'agit point ici du clan des critiques, condamnés à émousser leur sensibilité et à aigrir leur caractère dans la contemplation forcée et presque quotidienne des élucubrations du premier venu, assez dans les bonnes grâces d'un directeur de théâtre, pour faire jouer une pièce ou exécuter une partition.

Non, — et nous savons des paroles sur cet air-là — la gent feuilletoniste caresse, entre autres rêves irréalisables, celui du *far-niente*, un bonheur qui n'existe guère sous la latitude de Paris, car le mot que les Italiens ont forgé tout exprès pour le désigner, est intraduisible en français.

Le feuilleton de théâtre, un supplice d'invention moderne et en comparaison duquel rouler Pélion sur Ossa n'était qu'un innocent jeu de boule, représente en effet pour les patients qui y sont condamnés, le bénéfice le plus clair à retirer des premières représentations. En supposant même qu'il y ait plaisir à déguster dans leur primeur toutes les productions de l'esprit au théâtre, l'idée qu'on est exposé à discourir sur les plus plates inventions, après s'en être assimilé la substance malsaine, suffirait à faire reculer les plus déterminés.

Au contraire, quelle joie pour le simple amateur de spectacle, que de s'asseoir, un jour de première représentation, dans une des rares stalles qu'à la porte du théâtre on se dispute souvent à prix d'or !... Quelle conquête que celle-là ! Le lendemain, vous avez le droit de prendre l'attitude digne et réfléchie d'un homme initié à une grande affaire, tout en répondant sur un ton capable aux mille questions qui pleuvent sur vous. Si l'œuvre a quelque mérite et doit donner pâture à la discussion, il ne vous est point défendu de croire que vous faites la pluie et le beau temps dans l'opinion publique, en exécutant à propos quelques haussements d'épaule, ou quelques sourires de satisfaction.

Il y a là, pour les aimables et fringants désœuvrés du boulevard, une belle occasion de contenter son amour-propre. Aussi, à Paris, les *billets de première* sont-ils l'objet d'une chasse acharnée.

Mais, il faut le dire, tous les théâtres n'ont pas à égal degré cette force attractive, ou du moins ils ne l'exercent pas de la même façon ni sur le même public.

J'imagine — pour prendre une comparaison violente — que les *titis* du boulevard du Temple ne s'ingénient guère à entrer à l'Opéra les jours de première représentation (car il y faut des gants); non plus que les dandys du café Riche, ne font des démarches pour obtenir, en pareilles circonstances, une stalle au Petit-Lazary (car il y faut une casquette). Les plaisirs sont ainsi répartis d'une façon équitable.

Aux Bouffes, ces sortes de fêtes ont une physionomie à part, un caractère d'intimité qu'on chercherait vainement ailleurs.

D'abord, la salle est très-petite, et quelle que soit la position du fauteuil qu'on y occupe, on peut presque causer à voix basse ou échanger une poignée de main avec un ami situé à l'autre extrémité de l'édifice. Puis on s'est fait là des habitudes de sans façon, qui auront force de tradition quand le temps aura passé dessus. Il est convenu qu'on vient aux Bouffes pour rire, et c'est là un parti pris bien arrêté, car nous avons vu les lazzis les plus démodés, les saugrenuités de langage les plus extravagantes, y passer pour des traits d'esprit.

Il y a dans cette petite salle, dorée comme une boîte à bonbons, je ne sais quelle atmosphère de gaieté dont vous ne pouvez vous défendre de subir l'influence. La critique des journaux que les médiocres auteurs ont fait passer pour sévère, est elle-même désarmée devant l'aplomb superbe avec lequel Léonce, Tayau ou Désiré débitent leurs splendides bêtises.

Il ferait beau voir que dame critique prît au sérieux ces parades désordonnées et les voulût fustiger ; on aurait le droit de lui dire : « Mais quel mauvais caractère vous avez ! comme vous prenez mal la plaisanterie !... On veut rire avec vous, et vous vous fâchez ! Peste soit de la grondeuse ! »

Ce qui manque le plus aux Bouffes les jours de première représentation, c'est un foyer.

La salle d'été en est absolument privée et le public est forcé d'employer l'entr'acte à aller voir tourner les chevaux de bois sous les arbres des Champs-Élysées, ce qui, les jours de mauvais temps, est une ressource tout à fait illusoire.

Quant à la salle d'hiver, on y trouve bien deux espèces de boîtes cylindriques ornées de glaces et de divans ; mais ce sont là des promenoirs où l'on est bien à l'étroit depuis surtout que les ouvreuses qui les habitent se sont mises à porter de la crinoline. Heureusement que le passage Choiseul communique avec le théâtre et prête son abri aux fumeurs de cigarettes qui, entre deux opérettes, ont le temps de le parcourir trois ou quatre fois. Il y a là un certain marchand de tabac à qui l'imprévoyance de l'architecte des Bouffes est singulièrement profitable ;

sans compter que le marchand d'oranges sis non loin de là n'a pas trop à se plaindre de cet état de choses; les écorces de sa marchandise pénètrent même quelquefois jusque dans le théâtre, ce qui dispense l'administration de brûler des parfums pendant les entr'actes.

Nous nous plaignons de l'absence de foyer aux Bouffes, et nous aimons à croire que M. Offenbach, s'il met à exécution son projet d'agrandir le format de ses deux salles, songera à réparer cette erreur. Pourtant, à l'égard des grands théâtres, là où on représente des œuvres qui demandent une critique sérieuse, nous professons des idées absolument opposées : nous voudrions que le foyer fût fermé les jours de première représentation.

Ceci demande explication.

C'est en effet au foyer que les journalistes appelés à juger les ouvrages nouveaux viennent causer pendant l'entr'acte. Là il se fait un grand bruit de conversations ; chacun dit son mot sur ce qu'il vient d'entendre et les opinions les plus disparates sont émises avec chaleur.

Ici on s'indigne, là on crie au miracle; dans ce

coin on prend un air navré, dans cet autre on mon-
tre un visage épanoui de contentement.

Cela dure une vingtaine de minutes, après quoi
chacun retourne à sa place passablement ébranlé
dans ses convictions.

Les plus menaçants, ceux qui s'apprêtaient déjà
à feuilletonner de leur plume la plus pointue se
disent en eux-mêmes : « Mais, me serais-je trompé,
et ce monsieur qui tout à l'heure, s'extasiait si fort,
ne serait-il pas dans le vrai?... cette musique,
plus on l'entend, plus elle vous séduit. Assurément
ce n'est point là une œuvre de premier ordre, et
je ne rétracterai point ce que j'ai dit. Non!... Pourtant on trouve par ci par là quelques bonnes choses
dans cette partition que j'avais mal jugée. Cela
demande réflexion... »

C'est de la sorte qu'on rumine les conversations
du foyer dans le clan des critiques sévères ; tandis que dans celui des indulgents on monologue
ainsi :

« J'étais bien bon, tout à l'heure, avec mes cris
d'admiration, et un tel aura dû joliment rire de
moi... Cette musique, plus on l'entend plus elle

vous fatigue. Assurément ce n'est point là une œuvre absolument inepte, et je ne retracterai point ce que j'ai dit. Non !... Pourtant, on trouve par ci par là quelques vulgarités dans cette partition que j'avais mal jugée. Cela demande réflexion... »

On réfléchit en effet pendant quatre ou cinq jours ; c'est-à-dire que l'on passe en revue dans sa tête toutes les conversations du foyer, et il en résulte qu'on se trouve en face de deux opinions parfaitement discordantes et appuyées d'une argumentation également ferme et probante.

Quelques-uns osent choisir, mais beaucoup louvoient. Et c'est ainsi que, tous les lundis, on voit Paris inondé de feuilletons de théâtre peu concluants à force de réticences et de précautions infinies. A leur insu, messieurs les critiques ont donné, à la place de leur opinion personnelle, une sorte de moyenne de celles de leurs confrères.

Voilà pourquoi nous voudrions voir fermer le foyer des grands théâtres les jours de première représentation.

FIN

TABLE

—

IX. RÉPERTOIRE
1855

www.ingramcontent.com/pod-product-compliance
Lightning Source LLC
Chambersburg PA
CBHW051731090426
42738CB00010B/2198

VICTOR BENOIT ET Cie — ÉDITION ILLUSTRÉE — 10. RUE GIT-LE-CŒUR. 10

ROMANS ILLUSTRÉS

PAUL ET SON CHIEN

I

Bal masqué à l'Opéra.

Quelle foule ! quel empressement tout ce monde met à pénétrer dans ce bal ! on se pousse, on se coudoie déjà dans la rue; devant le péristyle du théâtre, les voitures n'avancent pas assez vite au gré de ceux qui sont dedans, ni aux injonctions des sergents de ville chargés de faire circuler les véhicules.

Voyez ces masques : ces dominos ont à peine le temps de descendre de leur coupé, il faut que le cocher reparte très-vite pour faire place à son confrère qui est derrière; beaucoup de personnes se font même descendre avant d'être devant le théâtre, dans l'espoir d'arriver au plus vite.

On a donc bien peur de ne pas avoir de place, de ne point pénétrer dans ce sanctuaire du plaisir ou plutôt de la folie ! et pourtant on entre toujours, à toute heure. Que la salle regorge de monde, qu'on étouffe dans le foyer, qu'on ne puisse pas avancer dans le corridor, ah ! qu'importe ! on trouvera toujours moyen de se glisser dans cette foule...

On vous pousse, on vous cogne, on vous marche sur les pieds, on vous force d'aller à droite, lorsque vous voudriez donner à gauche. Vous ne trouvez pas la personne que vous cherchiez, vous êtes séparé de celle qui vous accompagnait; si vous avez fait une toilette bien soignée, bien recherchée, en quelques minutes elle est froissée, abîmée, tachée même... Mais qu'importe ! vous êtes au bal masqué de l'Opéra.

Vous êtes déjà étourdi par le bruit que fait cette multitude qui vous entoure, la chaleur devient étouffante : ajoutez à cela l'odeur des bouquets, des parfums que portent ces dames, puis enfin le son de cet orchestre monstre qui fait entendre des galops, des valses, des polkas, des mazurkas, et avec une verve, une précision, un entrain qui donne des frétillements à vos jambes, et ne vous étonnez pas alors si vous ne vous sentez plus le même, si votre tête se monte, si votre cœur bat plus vite, si vous devenez enfin tout disposé à faire des folies, à vous amuser, n'importe comment.

Mais vous ne voulez pas être venu pour rien au bal de l'Opéra. Vous aspirez après une intrigue, après une conquête, après une rencontre inattendue... Vous cherchez le plaisir n'importe sous quelle forme il se présente, et vous passez souvent plusieurs heures à sa recherche, ou plutôt à la recherche de l'inconnu.

Ah ! cela est si provoquant lorsqu'un domino, dont la tournure est gracieuse, la main petite, le pied bien cambré, vient vous prendre le bras en vous disant :

« — Je te connais !... »

Je te connais ! ces trois mots prononcés par une voix qui vous est inconnue, mais par une femme qui vous prend le bras, s'y attache familièrement, se penche vers vous et vous regarde dans les yeux d'une façon très-agacante... ces trois mots vous troublent, vous agitent, vous jettent sur-le-champ dans le chapitre des conjectures... Vous avez beau les avoir entendus prononcer souvent dans la nuit, ils font toujours leur effet, et surtout, comme je vous le disais tout à l'heure, si le masque qui vous dit cela a une jolie taille, une jolie main, de jolis yeux, toutes choses qui font désirer ou espérer une figure séduisante...

D'abord vous cherchez à reconnaître la personne qui vous parle, vous examinez ses yeux, le bas de son menton que cache mal la barbe du masque, vous passez en revue les pieds, les bras, la tournure, les cheveux... Vous écoutez bien attentivement le son de la voix, qui n'est jamais parfaitement déguisée pour une oreille bien fine.

Mais lorsque tout cela ne vous a rien appris, lorsque vous renoncez à reconnaître, alors vous vous faites une femme à votre fantaisie.

Sous le loup qui couvre son visage, vous mettez des traits char-